你和你想象的不一样

[英]马蒂·乔普森 著　唐雨彤 译
MARTY JOPSON

为什么我们这样
行为、思考和感知

THE SCIENCE OF
BEING HUMAN

WHY WE BEHAVE,
THINK AND FEEL THE WAY WE DO

北京时代华文书局

图书在版编目（CIP）数据

你和你想象的不一样 /（英）马蒂·乔普森著；唐雨彤译 . — 北京：北京时代华文书局，2023.3

书名原文：THE SCIENCE OF BEING HUMAN: WHY WE BEHAVE, THINK AND FEEL THE WAY WE DO

ISBN 978-7-5699-4662-8

Ⅰ. ①你… Ⅱ. ①马… ②唐… Ⅲ. ①社会人类学－通俗读物 Ⅳ. ① C912.4-49

中国版本图书馆 CIP 数据核字 (2022) 第 180120 号

The Science of Being Human by Marty Jopson.
Copyright©2019 Marty Jopson.
Illustrations©Emma McGowan 2019
All rights reserved.
English edition originally published by Michael O'Mara Books Limited.
Chinese (in simplified character only) translation copyright©2023 by Beijing Time-Chinese Publishing House Co., Ltd.
Chinese (in simplified characters only) translation rights arranged with Michael O'Mara Books Limited through CA-Link International LLC.

北京市版权局著作权合同登记号　字：01-2019-6470

拼音书名｜NI HE NI XIANGXIANG DE BU YIYANG

出 版 人｜陈　涛
策划编辑｜周　磊
责任编辑｜张正萌
责任校对｜薛　治
装帧设计｜程　慧　迟　稳
责任印制｜訾　敬

出版发行｜北京时代华文书局 http://www.bjsdsj.com.cn
　　　　　北京市东城区安定门外大街 138 号皇城国际大厦 A 座 8 层
　　　　　邮编：100011　电话：010-64263661　64261528

印　　刷｜北京毅峰迅捷印刷有限公司　010-89581657
　　　　　（如发现印装质量问题，请与印刷厂联系调换）

开　　本｜880 mm×1230 mm　1/32　印　张｜6.75　字　数｜143 千字
版　　次｜2023 年 3 月第 1 版　　　　印　次｜2023 年 3 月第 1 次印刷
成品尺寸｜145 mm×210 mm
定　　价｜42.00 元

版权所有，侵权必究

引言

人与人之间总有着某些共同之处。如果你也爱吃辣、喜欢桌面游戏，或是爱在乡间漫步、爱看20世纪早期的恐怖小说，那么你我之间就有共同点了。在这些共同点中，有一点是确定的，即我们都是人类。但人类到底意味着什么？这背后又有着什么科学原理呢？

为此，我采取了折中的研究方法，探究了一些可能令你意想不到的科学分支，从中得到了一些有趣的信息和一点数学概念。

以人类的起源为起点，我试图从多个维度来研究人类。本来我想同之前的书一样，紧跟当前最新的科学研究，但事实证明，跟上科学前沿是极其困难的。因为我们正处在一个科学发展的黄金时代，在这个时代里，关于人类进化和习性的新发现层出不穷。例如，细菌如何影响我们的生活、如何改变我们的习性，是目前科学界一个热门的话题。

之后，我还想探究人类在现代社会中的作用和地位。显然，与我们祖先生存和进化的世界相比，如今的世界已大为不同，尽管如此，人类依旧掌控着世界。本书涉及了数字信息领域的内容，并且占据了重要的篇幅。通过狩猎、采集进化而来的智人，如今却一天24小时依赖网络，因此我认为人类如何应对网络是值得探究的问题。尽管媒体、科技与人类之间的互动看起来很容易，但事实却并不简单。

最后，这本书还涉及了一个常被大众科学忽视的领域——对人类本身的研究。换句话说，没有一个人是孤岛，每个人的周围都存在着各种各样的人。如今全球人口数量不断攀升，我们所处的人类群体越来越大。在群体中，人与人之间的互动模式打破了所有本应适用的物理定律，因此人们需要探寻新的规则，了解人际互动的真实原理。

我在写这本书时领悟到的一个重要启示：物理学、化学都是用方程式和确定性的数学来研究这个世界的，但生物学并非如此，不管是生物系统还是人类系统，都极其复杂，我们甚至无法解释某些现象。但这恰恰是科学的魅力所在，在我看来，没有比人类科学更迷人的课题了。

目 录

1. 人类到底是什么
用名字定义物种 … 3

属中的唯一 … 8

当人类遇上尼安德特人 … 14

人类从未停止进化 … 20

人体的图谱 … 26

2. 让人起鸡皮疙瘩的生物真相
人类被驯化了吗 … 35

人类复杂多样的肤色 … 40

死亡速度 … 47

奄奄一息与确认死亡的区别 … 53

憋尿能使人集中注意力 … 59

近乎人类

恐怖谷效应 ··· 69

语言如何让世界运转 ··· 74

性本恶？··· 81

网络成瘾症 ··· 88

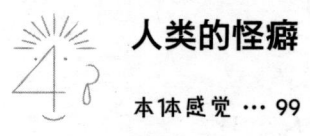

人类的怪癖

本体感觉 ··· 99

细菌"构成"人类 ··· 105

阿尔茨海默病与你的牙齿 ··· 113

锻炼伴随着酸痛 ··· 120

不善理解大数字 ··· 128

毛猿 ··· 133

如何欺骗人类

增加一个维度 ··· 141

说谎的艺术 ··· 149

假想的力量 ··· 157

欺骗味觉 ··· 167

融入群体

三人成群 … 175

老式沙漏 … 178

千禧桥让行人步调一致 … 183

为什么你的队最慢 … 188

最佳登机方式 … 193

小心幽灵堵车 … 199

鸣谢 … 205

人类到底是什么

用名字定义物种

"我是智人。"但愿我这样说，不会引起太大争议。那么我进一步假设你也是智人。"智人"即人类，只是一种更专业的说法。然而，这句话到底意味着什么呢？这显然可以表明我们都是人，但要是深究下去，似乎又说不准了。

"智人"这个词是物种分类系统下属最小的分支，科学家通过物种分类可以精确定位所讨论的动物（animals）[①]、鸟类、爬行动物或植物的类型，该系统是由18世纪瑞典伟大的博物学家卡尔·林奈于1735年发明的。林奈的著作采用的是拉丁文，如今的生物名称依然沿用了这一语言。物种分类系统从生物界开

[①] 译者注：此处的"动物"指的是不包括鸟类、鱼类、爬行动物在内的兽类等。

始分类，看上去似乎不难，但事实并非如此，林奈分类法中所有的物种分类都有过修改，直到现在依然要定期修改。1735年，生物界只有两大分类：动物界和植物界。经过了二百多年，如今物种分类仍有争议，这里介绍目前常见的一种分类法，包括七个生物界。从微观物种的生物界说起，有细菌界和古细菌界，古细菌是一种独特的原始形态的细菌；还有原生生物界，由单细胞生物组成，如变形虫等，它们比细菌体形更大，结构更复杂；虽然真菌界的组成相当简单，但远比人们想象的大得多；植物界分为两类，包括了水藻和海藻的藻界，以及包括了树木、花草的植物界；最后是我们人类所属的动物界。在生物科学分类法中，从界往下分，依次是门、纲、目、科，最后是属和种。

我们人类从动物界往下分类，属脊索动物门，这一门的物种都有脊椎和脊髓。再往下，我们属哺乳纲，之后是大家熟知的灵长目，目之下是科，我们属人科。人科包括各种猩猩，如大猩猩、黑猩猩、倭黑猩猩等，以及我们人类。最后是物种分类的两个末端分支：属和种。我们属于人属，智人种。

通常，为了让生物的名字在英文文本中更醒目，名字总是以斜体表示，而且属要大写，有时缩写。属代表了一个关系极为密切的不同物种的群体，例如，狮子（学名：*Panthera leo*）和老虎（学名：*Panthera tigris*）都是豹属。这种双名命名系统可以让科学家更精确地研究生物，并且能够提供更多的信息。虽然你可能并不了解豹属美洲虎（学名：*Panthera onca*），但根据名称就能知道这个物种可能是某种大型猫科动物。其实，这是一种栖息在南美洲和中美洲的美洲虎。同样，如果我告诉你家猫的学名是*Felis catus*，通过对比学名，你就会知道家猫和狮子的亲缘关系并不像美洲虎和狮子那么密切。

但物种分类有什么实际意义呢？目前我们所在的人属只包含一个物种，即我们人类。曾经人属还包含其他物种，至少6种，至多9种，但都已灭绝了。什么是物种？如何区分不同的物种？这个问题远比我们想象的棘手得多。林奈首次对物种进行分类，主要是为了能够在野外做植物学研究时更好地识别不同类型的植物。识别物种的概念是基于物种繁殖，也就是说，如果一个有机体的后代与它的亲本相同，那么这就是一个物种。即使对物种进行了简单定义，包括林奈在内的科学家们依旧对如何识别一个物种争论不休。林奈的物种分类法暗含了一种观点，即物种是固定不变的。

后来，查尔斯·达尔文出现了，提出了进化论。达尔文困惑于物种的本质，在开创性著作《物种起源》（1859年）中，他曾试图认清物种的本质。在书中，他写道："物种与变种之间的区别界限是如此模糊和随意，这让人非常震惊。"识别物种的依据当时已有所转变，即为同一物种的雄性和雌性能够繁殖后代，并且其后代也能繁殖和延续物种。但达尔文依旧不认同这一说法，根据他的理论，物种会在漫长的时间里进化，创造出新的物种。那么可以推测，新物种在进化的过程中仍然和旧物种非常相似，但究竟是在哪一个时间点旧物种完全进化成了新物种？

1942年，20世纪杰出的演化生物学家恩斯特·迈耶提出了生物学种的概念，将物种的识别和分类变得更为复杂。恩斯特·迈耶不仅关注物种的繁殖能力，还关注物种的地理隔离。自此，生物学家们也提出了几十种不同的生物学种的概念，并且每一种理论都有其科学依据，这时人们对物种的认识似乎比林奈时期还要模糊。

接下来我要举例说明什么是地理隔离。鸥属海鸟在全球都有分布，已知有20多个不同的种类。1925年，美国鸟类学家乔纳森·德怀特发现，在北极圈周围的鸥属海鸟有些奇怪。这里我将省去德怀特研究的海鸟的学名，直接用其常用名称，以便大家理解。需要强调一点，这些海鸟虽都是鸥属海鸟，但外观却有着明显的差异。在英国，我最熟悉的鸥属海鸟是欧洲银鸥，它可以和位于北美的西部邻居美洲银鸥繁殖，并且杂交出的银鸥也具有繁殖能力。据地理位置依次推进，美洲银鸥还可以与东西伯利亚银鸥繁殖，东西伯利亚银鸥还可以与灰林银鸥繁殖，灰林银鸥还可以与西伯利亚小黑背银鸥繁殖。西伯利亚小黑背银鸥分布在位于斯堪的纳维亚半岛的北欧国家的北部，西临英国。上文曾提到，欧洲银鸥分布在英国，因而欧洲银鸥与西伯利亚小黑背银鸥地理位置临近，但西伯利亚小黑背银鸥不能与欧洲银鸥繁殖，繁殖链在此断开。在挪威或北海的某个地方，鸥属海鸟的杂交循环被打破。这种特殊现象被称为环物种现象，没有规律可循。如果生物A可以和生物B繁殖，根据生物学种的概念，它们即使外观不同，也被认为是同一物种。同时，如果生物B能和生物C繁殖，生物C也能和生物A繁殖，那么这三种生物都是同一物种；如果生物B能和生物C繁殖，但生物C不能和生物A繁殖，这时，如果生物A、B、C是环物种，则它们依旧是同一物种，若不是环物种，则说明它们是不同的物种。而对鸥属环物种基因的最新研究表明，鸥属海鸟并非环状关系，可能是更为复杂的有两个或两个以上交叉点的交叉繁殖关系。这让一切变得非常复杂，我们对物种的定义也开始瓦解。

随着生物科学的进步，物种的含义变得更加微妙。人们想对物种分门别类，整齐地贴上标签，所以渴望每个物种都是独立的实体，但显然，这仅仅是人类的一厢情愿。林奈创造了一个物种分类系统来帮助植物学家，从此我们便被困在了林奈的思维模式里，正是这些错误的想法导致了像环物种这样荒谬的理论产生。人们会觉得，在这个广阔的世界上，环物种会发生在其他生物身上，但不会发生在我们人类身上，因为人属中只有我们这一个物种，事实上并非如此。

属中的唯一

如今我们常用一幅图来展现人类物种的进化史，图中不同的人类物种用侧影表示，列成一排，最左边的是像黑猩猩的人类祖先，样子小小的、佝偻着，没有名字。它们排成一队，从左到右慢慢直起身子，迈步向前。如果要把对应的名称标示出来，通常左边是类人猿，紧挨着类人猿的是某种南方古猿，再往右便进入了人属的范围，依次是能人、直立人、尼安德特人，最后是智人。尼安德特人和智人通常被描绘成手持长矛或弓箭的形象，说明这时的人类已经能够使用工具。这幅人类进化图用途广泛，已经被人们熟知，最早可以追溯到1965年美国时代集团《生活》杂志出版的《生命自然图书馆》一书中，这幅图在书中被称为"进步的行进"。如今，这幅图经常被改编成具有讽刺意味的漫画，比如最右边的人类被描绘成一个现代人，要么弯着腰坐在桌前对着电脑，要么抓着啤酒，露出大肚子。但除了经常被用作讽刺漫画的素材之外，这幅图本身还有许多错误之处。

> 图片要比文字更有分量，1965年的插图"进步的行进"就是个强有力的说明。有人对随附的文章进行了仔细研究，表示文章的作者充分了解智人的进化并不如图中所示是一条直线。然而，这幅简单的图片给读者留下的印象碾压了所有关于人类进化的文章。

首先，图片中的人类总是以男人的形象出现；其次，这幅图展现的是人类从野蛮走向文明的前进过程，但出现的工具永远都是武器。美国伟大的进化生物学家史蒂芬·杰伊·古尔德认为"隐含的时间箭头"是这幅图最大的疏忽，图片把先后出现的人属物种列成一排，并且所有的物种似乎都是从一个物种向下一个物种转变，这便给了观赏图片的人一个不难参透的暗示，即每一个物种都在某种程度上比上一个更先进。但进化不是一个持续增加复杂性的过程，也不能用来衡量物种的优越性。进化是盲目的、无序的、随机的，进化只会在特定的时间和地点，向适应生存的方向随机游走。这幅图中所有的物种都在他们所处的时代完美地适应了环境，但随着环境的变化，如气候的变化、栖息地的变化以及其他物种带来的压力，种种可能导致适应他们生态位的进化减弱，最终导致物种的灭绝，但这些并不能说明其他的人属物种进化得更好。

这幅图最根本的错误是隐含的时间箭头扭曲了基本的生物学概念，但除此之外，这幅图在细节上也有错误。与1965年相比，如今我们知道，人属物种的谱系要比这幅图显示的复杂和微妙得多。最早的人类物种大概是能人，身高只有1.3米，生活在距今大约150万至200万年前。20年前，人们认为能人进化成了直立人，直立人又成了所有后来出现的人属物种的祖先。但此后，许多其他人类的化石陆续被发现，研究得到的结果与人类进化图展示的大不相同，人类进化的实际过程似乎更加复杂了。如今我们知道了直立人和能人生活在同一时期，甚至可能生活在同一地区。1991年至2005年，科学家们在格鲁吉亚的德马尼西地区，位于黑海和里海之间的一个洞穴中发现了一系列不同寻常的化石，其中的五个头骨展现出了许多不同的特征，这些特征似乎表明同一时期存在着许多不同的物种，包括能人、直立人，甚至还有一些不太为人所知的物种，如东非直立人和鲁道夫人。但这些头骨都是在同一个地方发现的，所处时代也都一样，所以它们很可能是同一物种。迄今为止鉴定出的所有早期人属物种通常是仅通过一两个化石便确定下来的，这一新发现导致了一种可能性的出现，即所有的早期人属物种实际上都是同一个物种。我们也注意到，在德马尼西发现的化石距离非洲很远，因此人类只在东非大裂谷进化，然后从那里扩散开来的观点也被推翻了。虽然人类的起源地多半是非洲，但早期人类物种似乎分布的范围更广，融合的程度也更高。

在直立人和其他未知的早期人类物种之后，真正不同的早期人类出现在大约80万至40万年前，海德堡人的时代到来了。1907年，在德国海德堡外的露天砂矿，一名叫丹尼尔·哈特曼的工人发现了一块颌骨化石，哈特曼将他的发现报告给了当地的人类学教授奥托·朔滕萨克，随后该教授将这一物种命名为海德堡人。从南非一直到非洲大陆的东海岸，再到欧洲的意大利、希腊、西班牙、德国、法国，甚至到英国都有发现海德堡人的化石标本。特别有趣的一点是，根据目前的理论显示，海德堡人导致了人属中另外三个物种的进化，其中之一就是我们智人，但由于化石记录不够丰富，我们无法真正确定其中的进化联系。第二个不同的物种被称为丹尼索瓦人，我会在后面的章节介绍这一物种。而最后一个是我们熟悉的物种，与我们有着相似的祖先，他们就是尼安德特人，被认为是野蛮和凶残的代名词。1856年，人们在德国尼安德特山谷的石灰岩采石场发现了部分头骨化石，尼安德特人自此得名。虽然是这块化石标本让这一物种得名尼安德特人，但它并不是第一个被发现的尼安德特人化石。1829年，有人曾在比利时发现了一块破碎的尼安德特人儿童的头骨；1848年，在直布罗陀岩山发现了一块完好的部分头骨。你可能已经注意到尼安德特人（Neanderthal man）与尼安德特山谷（Neandertal valley）在拼写上有着差异。这是因为1901年，康拉德·杜登出版了《德语词典》，其对拼写进行了官方规定，将"thal"（意为"山谷"）的拼法标准化，统一去掉一个"h"，因而尼安德特山谷的拼写没有了"h"，但尼安德特人则保留了之前的拼写，再也没有变过。

如今我们知道尼安德特人分布在欧洲南部和中部，一直延伸到哈萨克斯坦和蒙古的边境。可以确定的是，尼安德特人能够使用工具，目前已经有大量的燧石薄片被发现，有一次人们还发现了木制的矛。但直到2018年，生物学界依旧未确定他们是否具备艺术能力。此前，我们只发现了一些物品和刮痕，这表明尼安德特人有着更加复杂的社会文化。之后，在散布于西班牙不同地区的三个独立洞穴中，研究人员发现了一组洞穴壁画，壁画展示了红色的线条、圆点、梯子图案和手工模板，其年代可追溯至6.4万年前，悠久的历史使它们成为已知的最古老的洞穴壁画，而且，创作这些壁画的艺术家出现在这一地区的时间要远早于智人——唯一的可能性就是尼安德特人。尼安德特人展示了不低于智人的文化复杂性，因而他们不太可能是那些电影里描绘的笨重、凶残的野人形象。

虽然现代智人在欧洲仅存在了大约5万年，但我们成功地将人类物种的起源追溯到了更早的时期。我们在摩洛哥大西洋海岸附近的杰贝尔依罗地区发现了智人化石。该化石已被确认属于现代人,并在2017年被确定可以追溯到31.5万年前。这一发现说明智人的出现要比我们原先认为的早得多,至少智人出现在非洲大陆上的时间提前了。此外,随着我们对自身的深入了解,一些关于人类进化的基因证据也浮出水面。

人类物种的进化史远非人类进化图里简单的线性发展。如前文所示,我们想弄清楚活着的物种与近亲的关系都已经十分困难,何况现在要想弄清楚自己的谱系,并且可供研究的材料只有化石,这加大了研究的难度。早期的能人可能是一个单独的物种,也可能和直立人是一个物种,智人似乎已经存在了很长时间,并且与其他人属物种同时存在于地球上,而非先后出现。这就引发了一个有趣而又棘手的问题:当人类遇上尼安德特人,会发生什么?

当人类遇上尼安德特人

1977年,英国剑桥的弗雷德里克·桑格与科学家团队公布了一种名为拉姆达-X 174的病毒完整的基因序列或基因组,这是科学的一个巨大突破,因为这是科学家们第一次能够确定完整的生物体基因组。自1953年以来,基于沃森、克里克和富兰克林的贡献,我们知道了脱氧核糖核酸(DNA)是所有已知生物和许多病毒的遗传物质,带有四个碱基编码的DNA长链代表了合成有机体的指令。桑格精心选择了第一个被测序的基因组的主体拉姆达-X 174病毒,因为它的基因组很小,只有5 386个DNA的四碱基编码。随着世界各地的实验室开始对病毒、细菌、酵母和小蠕虫进行测序,其他基因组也随之被确定。科学家们的最终目的是完成人类基因组的测序。1984年,一个国际科学家小组着手进行这项庞大的计划。这是一项艰巨的任务，因为人类的基因组包含着超过30亿个DNA碱基。人类基因组工程始于1990年，耗资约30亿美元，于2003年4月14日完成，它是迄今为止实施的最大的生物项目。如今，你只要花费大约1 000美元就能买一个手持设备，在一个小时内就能完成整个基因组的测序，单是技术上的进步就令人震惊。同时，先进的科技也使科学研究取得了非凡的进展。

通过对世界各地不同文化的人进行基因组对比，我们有可能建立起人类物种进化的基因图谱。我们可以假设基因组随机变异的形成速率，根据这一假设和两个基因组中的基因差异，就可以确定两个物种是什么时候出现不同的进化方向和分歧的。根据这些数据和化石记录，我们可以绘制出人属物种的进化路径图。但是，那些更久远的、已经灭绝的人类物种，也可以用这种方法来研究吗？

对古老基因的研究，研究人员最初尝试着眼于最晚灭绝的人类物种——约4万年前灭绝的尼安德特人。为了让研究更易进行，他们决定观察被称为线粒体的亚细胞器官中的DNA小环，但这项任务依然非常艰巨。当研究人员对这个DNA测序并与现代人类线粒体DNA进行比较后，结果表明，大约50万年前，尼安德特人与智人出现了分离。2006年，国际尼安德特人基因组计划在德国莱比锡启动，科学家们从克罗地亚一个洞穴中发现的三个尼安德特女性的长腿骨中提取了DNA，作为主要研究对象，这些骨头距今有3.8万年之久。他们花了四年时间才最终在2010年公布了研究结果，引发了轩然大波。对线粒体DNA的研究显示，尼安德特人和人类的遗传基因没有出现混合，但科学家们从整个基因组更大、更完整的图像上看到人类和尼安德特人的基因出现了混合与融合。根据遗传学，我们得到了更多的信息，这种基因的混合大约发生在5万年前的地中海远东地区，在如今的叙利亚、以色列、黎巴嫩和约旦一带。通俗地说，就是人类物种与他们的邻居尼安德特人发生性行为并产生了后代，这一现象在当时一定相当普遍，因为非非洲人有1%~4%的DNA源于尼安德特人。

人属物种间的杂交远不仅如此。还记得我前文提到的丹尼索瓦人吗？人类和尼安德特人似乎也与丹尼索瓦人进行过繁殖活动。2008年，研究人员在俄罗斯西伯利亚西南部的一个洞穴中发现了少量化石碎片，这是唯一发现的丹尼索瓦人的化石证据，考古学家挖掘出了三颗丹尼索瓦人的牙齿、一块小小的指骨和一块25毫米长的臂骨，也可能是腿骨。由于发现的丹尼索瓦人化石较少，直到现在人们还没有给这一物种确定合适的学名。尽管该物种化石稀缺，但科学家们还是决定将其指骨化石用于基因分析，并从中得出了基因组。实验结果显示，指骨的主人既不是尼安德特人，也不是现代人。我们至今也不知道丹尼索瓦人的长相、身高或是其他的信息，但我们知道的是，他们曾在多地与尼安德特人和人类进行过繁殖活动。科学家们将丹尼索瓦人的基因组与如今世界各地不同的人进行比较，发现从美拉尼西亚群岛、巴布亚新几内亚岛一直到斐济岛，这一带的人拥有高达6%的丹尼索瓦人DNA。通过这项研究，我们有可能确定这一神秘的早期人类物种的分布范围，他们遍布亚洲，向南穿过波利尼西亚，到达澳大利亚，其中澳大利亚土著的基因组中有一小部分丹尼索瓦人的基因。

2012年，科学家们对丹尼索瓦人的基因组进行了测序，实验结果最大限度地说明了人属物种之间杂交的关系网。回想一下，丹尼索瓦人唯一的化石遗迹是三颗牙齿、产生最初DNA序列的指骨以及腿骨或臂骨的碎片。科学家们分析这块腿骨或是臂骨的碎片时，发现它来自一个大约13岁的女孩。引起我们注意的是，她的父母来自不同的物种，我们可以确定，她的父亲是丹尼索瓦人，母亲是尼安德特人。不仅如此，在这个位于西伯利亚西南部的洞穴，不仅出土了这五件珍贵的丹尼索瓦人化石遗迹，也发现了智人的遗骸。据此可以推测，丹尼索瓦人、尼安德特人和智人这三种人属物种很可能同时生活在该地区，甚至很可能生活在同一个洞穴里。

> 1980年，一名僧人在距离丹尼索瓦很远的西藏白石崖喀斯特洞穴[①]中发现了第六块疑似丹尼索瓦人的化石，但DNA分析未能确定其身份。2019年，一个德国团队重新研究该化石，发现化石上的胶原蛋白与丹尼索瓦人的胶原蛋白基因相匹配。

所有杂交都对后代产生影响，有的产生积极影响，有的则产生消极影响。藏族人能够在高原生活，其中一个原因是他们中的许多人有丹尼索瓦人的EPAS1基因，这种基因能让人适应高海拔的生活。对那些生活在如此高的海拔地区的人来说，丹尼索瓦人不寻常的EPAS1基因显然是有利的，因而这一基因在藏族人的基因组中一直普遍存在，而其他种族的人则通过遗传漂变失去了这种基因。在低海拔地区，这种变异基因虽没有益处，但也不构成障碍。人类的进化并没有抑制这一基因，但它确实在低地种群中随机消失了。

人类目前的许多疾病也似乎与人属物种间的杂交有关，这些疾病包括克罗恩病、部分类型的狼疮，甚至还包括2型糖尿病。这些疾病有着一个共同点，即它们都是自身免疫性疾病，且病因

---

① 原文如此。白石崖喀斯特洞穴位于今甘肃省甘南州下辖的夏河县。

都源于一组叫作人类白细胞抗原（HLA）的重要基因。人类白细胞抗原能够帮助我们识别体内哪些是自身细胞、哪些是入侵的病原体，人类一半的白细胞抗原基因来自丹尼索瓦人或尼安德特人，而当人体不能正确识别白细胞抗原基因表达的产物时，便会出现自身免疫性疾病。白塞氏病便是一个典型的例子，这是一种影响全身的炎症性疾病，致病根源便是尼安德特人的白细胞抗原基因。

但并非所有遗传基因和杂交基因都对我们有害，恰恰相反，似乎正是我们智人对杂交的偏好，导致人类出现了一些重大的进化。

人类从未停止进化

如今出现了一种观点,认为现代人类脱离了自然选择的进化。生物演变创造了我们智人,也创造了围绕在我们身边复杂多样的生物。但上述观点认为,我们已经脱离了生物演变的过程,人类的进化不再受制于生物演变。从表面上看,这种观点似乎是对的,因为我们现在能够改变我们周围的环境来适应我们自身,而并非改变自身来适应环境。自然选择则要求生物进化以适应特定的环境,如今的人类在这一方面的压力大大减少。然而,我们目前对人类物种的研究显示,人类进化的脚步从未停止。

1859年,达尔文将进化过程概述为一个缓慢发展的过程,这一观点常被人引用。关于达尔文的进化论的两个部分,他不仅在著作的正文中明确阐述,而且在著作的标题"通过自然选择的方式来研究物种起源"①中也进行了明确的阐释。达尔文提出的进化论的第一部分是关于物种起源的,简单来说就是进化,是由一个物种产生另一个物种的过程,种群内部的变异是发生进化的先决条件。早在达尔文之前,就已经有科学家假设物种不是固定不变的,而是可以逐渐转变成其他的形式的,为了证实这一假设,科学家们需要研究一代又一代具有明显差异的生物个体。毕竟,你的长相与父母的不可能完全相同,也不可能是他们长相的精确融合,你可能与父母有着一些相似之处,但你的长相永远是独一无二的。即使我们只研究外表,也能发现人类群体中存在着大量的变异。深入研究人类遗传学,人类变异的可能性则会成倍增加。

> 与普遍观念相反,达尔文在《物种起源》一书中回避了人类进化这一主题。直到1871年,达尔文才在《人类的起源》一书中讨论人类的进化,该书一经发行,便两次销售一空。他的朋友约瑟夫·胡克评论道:"我听说,女士们认为这本书很有趣,但她们不便谈论它,这无疑是促进了销售。"

---

① 即《物种起源》的全名,On the Origin of Species by Means of Natural Selection。

达尔文提出的进化论的第二部分是自然选择,即进化发生的过程。自然选择的核心是种群必须延续优势变异,换言之,就是假设通过随机变异,你从一出生就不同于常人,有着惊人的有益变异,但如果你没有生下孩子,也就没能把这种变异延续下去,人类物种也就不会因此发生变化。此外,自然选择并不总是对生物体有利,它是盲目的、随机的。以人眼为例,人眼称得上是一个神奇的设计,但它有一个主要的、十分低劣的缺陷。视网膜是眼睛的感光部分,连接到视网膜上的视神经纤维不是从后面靠近检测细胞,而是从眼球内部来靠近细胞的。这就相当于连接电视机的线缆都被放到了屏幕前面,而不是被隐藏在屏幕后面,自然会导致视神经纤维模糊视线,这一设计极其疯狂,但这就是眼睛的运作方式。这只是生物学上的一个巧合、一个意外的进化、一个盲目自然选择的结果。

人类依然受制于自然选择的进化,人类的个体中依然存在着变异,环境也仍然影响着人类进化,只是如今的环境影响力不如早期人类祖先生存时期。如今我们在超市便可以获取食物,人类已远离了大自然残酷的生存法则,取而代之的是现代文明、信息技术的压力和文化带来的新的心理问题。总的来说,选择压力导致变异,变异驱动变化,但这并不意味着智人会在短时间内突然进化成一个新物种。首先,回顾一下我们在前文中讨论的如何定义一个物种的问题,基因证明如今的人类与30万年前的人类不同，但我们的肤色从一开始就多种多样，说明这一因素并不足以把我们分成不同的物种。其次，人类的进化是一个非常漫长的过程，至少与人的一生相比是十分漫长的。一项研究观察了新物种的产生以及新旧物种之间具体的变化，估计至少需要100万年才能真正确定物种的变化，从而使新物种区别于旧物种，而我们人类目前在地球上存在的时间只有这一过程的三分之一长。

　　现代人身上存在着一些小例子，可以证明进化的存在。例如，奶作为幼年哺乳动物的绝佳食物，为发育的婴儿提供所需的营养，含有完全蛋白质和脂肪，且富含重要的矿物质和维生素，如钙和维生素B。此外，奶是通过糖的形式来提供能量的，但几乎所有的成年哺乳动物都无法完全消化奶，喝奶可能会导致胃痛、呕吐、腹泻和胃肠胀气。全球大约三分之二的成年人不能喝奶，其原因在于乳糖——所有哺乳动物的奶都含有乳糖。乳糖是一种双糖，即每个分子都是由两个较小的单糖组合而成的，一个乳糖分子由一个葡萄糖分子和一个半乳糖分子组成，而蔗糖则是由葡萄糖和果糖组成。哺乳动物若想消化乳糖，则需要将乳糖分子分解，使葡萄糖和半乳糖分开。幼年哺乳动物，包括人类婴儿，都有一种控制乳糖酶合成的基因。婴儿刚出生时，这一基因十分活跃，因而他们可以消化所有的乳糖。哺乳动物在断奶后，不再将奶作为主食，因此便出现变化，其体内也就不再产生乳糖酶。乳糖停留在肠道，为肠道细菌提供了丰盛的大餐，导致乳糖在肠道内发酵，这就是众所周知的乳糖不耐症。这就是为什么当世界上三分之二的成年人喝奶时，他们会出现不适的原因。但同时，另外三分之一的人，包括我自己，没有乳糖不耐症，因为我们具备所谓的乳糖耐受性。

乳糖耐受的人，即使在断奶后，其体内的乳糖酶基因也不会关闭，乳糖酶会继续在肠道中产生，他们也可以继续饮用乳品。通过观察乳糖耐受性人群在全球的分布，我们可以发现，接近100%的爱尔兰人、90%以上的北欧人群、10%的中国人和不到5%的北美洲原住民具有乳糖耐受性。改变乳糖酶基因的突变似乎是在9 000年前才出现在我们的基因组中。目前的科学研究认为，在新石器革命时期，人类从狩猎采集转向农耕，并开始饮用牲畜的奶以获取营养，因而消化奶的能力成了一种优势，这种基因变异便得以在种群中传播，从而使人类进化。

这个例子的奇妙之处在于，这个现象正发生在人类种群中。南美洲人中乳糖耐受的人较少，这里的成年人并不常喝奶，但是在智利，有一群人生活在阿塔卡马沙漠和智利肥沃的山谷之间，与其他南美洲人相比，他们具备极高的乳糖耐受性。因为生活在这片贫瘠干旱的土地上的智利人除了在小块土地上种植庄稼之外，还会放牧很多的羊。这里的山羊是由欧洲殖民者引进的，因而这里放牧山羊的历史只有几百年，牧羊人们自然而然地会利用含有乳糖的羊奶作为饮食。自从放牧山羊在这里流行开来，乳糖耐受的基因便迅速得到发展，如今超过一半的当地人都对乳糖耐受。更重要的是，对当地人口的研究表明，能够消化羊奶的人营养更好。科学家们推测，选择优势驱使这一新兴的乳糖酶基因在种群中代代遗传下去，智利的牧羊人正在进化历程中。

获得消化奶的能力是进化的一个相当直接的例子，这一进化只涉及了一个单一的基因，并且测试人类的乳糖耐受性并不难，我们不能被其简单的表象迷惑，而忽略了这一进化已经对人类产生了深远的影响。无论你如何坚信，先进的文明让人类不同于其他动物，自然选择的力量仍在突破，人类仍在进化。

人体的图谱

什么组成了人体?这个基本问题在不同的领域有着不同的答案。物理学家可能会回答,人体包括质子、中子、电子,若是深究,还有夸克、轻子和玻色子;化学家可能会给出保守的回答,人体是由复杂的分子组成的,分子则是由不同元素的原子组成,主要的原子有碳、氢和氧;而生物学家的答案是细胞,所有有机体都是由至少一个细胞组成的。

1665年,罗伯特·胡克出版了著作《显微图谱》。他当时在刚成立不久的英国皇家学会担任珍宝馆馆长一职。英国皇家学会至今仍然存在,邻近白金汉宫,是世界上现存最古老的科学机构。胡克的工作是为皇家学会的成员设置实验,并进行实验。有时他会自己设计实验,有时则是按照成员们的要求进行。与皇家学会的其他成员不同，胡克既不富有，也不是贵族，能成为馆长已是难能可贵。他凭借坚定的决心，在新的研究领域——自然哲学领域，即如今的科学领域学到了很多知识。胡克极富探究精神并勇于尝试，在得到了一台显微镜后，他便开始用它观察各种各样的日常物品。《显微图谱》内含许多折叠的插页，上面满是奇特的插图，描绘了蚂蚁、蜘蛛、荨麻叶纹理、布料样本、模具以及月球表面等，想必这些并不都是胡克通过显微镜观察到的，每一张插图都附有详细的描述，用来讲述他所看到的画面及所述事物的意义。这本书虽然年代久远，却意外地语言风趣，如今读起来依然饶有趣味。书中最具价值的实验应当是第十八个观察报告，这一部分中，胡克记述道，自己小心翼翼地从软木塞上切下一片薄片，并在显微镜下观察，他解释说，他看到了"细孔或小室（细胞）"，"不是很深，由许多小盒子组成"。这是人类第一次对生物的微小成分进行描述，并将其命名为细胞。文本附有手绘插图，这张插图虽然不如胡克绘的蚂蚁插图漂亮，也没有那张臭名昭著的跳蚤图片详细，却是生物学史上最重要的图片之一。图片展示了一连串类似矩形的灰色盒子，四周是白色的壁，这些盒子紧密、有序地排列在一起，难怪胡克看到这些小盒子便联想起了修道院一排排的小房子。在描述软木细胞的这篇文章中，他接着写道，他观察过的许多其他植物材料，似乎也具有类似的结构，并且有些还充满了液体，或者用他的话来说，是"蔬菜的汁液"。胡克认为,软木是一种在软木橡树表面生长的真菌,如今我们知道这一观点是错误的,树皮增厚是树为了从森林火灾中幸存下来的方法。但瑕不掩瑜,这项实验依旧意义非凡,虽然出现了错误,但这是人类第一次观察到细胞的实验,为现代生物学和人体运作机制的研究开辟了道路。

你也许会诧异于这一事实——虽然我们对细胞的研究已经超过了350年,但仍然不能列出人类身上所有类型的细胞。我们知道人体大约有37万亿个细胞——也就是37后面有12个零,虽然如今我们知道的细胞类型有数千种,但显然还有更多细胞类型是我们不知道的。细胞中有的类型是明确的,如红细胞、神经细胞、白细胞、皮肤细胞、精细胞、卵细胞等,但生物学家观察得越细致,就会发现越多的微妙的变异之处。

以血细胞为例,血液中有两种主要细胞:红细胞和白细胞。胡克出版《显微图谱》之后,人们便发现了红细胞,但直到175年后,人们才发现白细胞。这是由于白细胞基本是透明的,当时人们观察不到,这在显微镜使用中是常见的问题。后来人们发现可以在显微镜下将细胞染色,从而观察到原本不可见的细胞,这时细胞生物学才开始蓬勃发展。在血液中,我们发现了多种白细胞。精心选择的染料可以只将细胞内的某些部分染色,而不会给其他部分染色。以苏木精为例,中美洲有一种洋苏木树,以心材可制蓝墨水而出名,苏木精便是从其心材中提取出来的深蓝色化合物，这种化合物作为蓝色染色剂能很好地附着在细胞核上，细胞核是细胞内含有遗传物质和DNA的部分。如果你观察染有苏木精的人类血液标本，那么你会看到大多数细胞不会被染色，因为红细胞是唯一没有细胞核的人类细胞，而白细胞呈现为蓝色。再仔细地观察，你可以识别出三种，甚至更多不同类型的白细胞。中性粒细胞是其中数量最多的，占白细胞数量的60%，它们的叶状核非常独特；之后是淋巴细胞，它们有着巨大的圆形细胞核，几乎占据了整个细胞；最后是单核细胞，有着豆形的细胞核；通过使用另一种染色剂，你还可以看到嗜碱性粒细胞和嗜酸性粒细胞，这些便是白细胞的五种类型。每一类细胞都有完全不同的功能，比如中性粒细胞潜行在血流循环中寻找、吞噬、摧毁身体各处的细菌，而单核细胞一旦被激活，就会经历巨变，完全变成另一种类型的白细胞——巨噬细胞，它们会离开血管，在身体组织中漫游。当科学真正揭开白细胞的作用以及它们如何产生免疫应答后，我们才知道不起眼、不活跃的淋巴细胞才是我们免疫系统的核心。淋巴细胞有三种不同的类型：产生抗体的B细胞，识别我们体内外来物质的T细胞，寻找并摧毁自身被病毒感染细胞的自然杀伤细胞。而这些只是免疫系统中细胞类型的皮毛，目前我们认为有超过20种类型的细胞参与了人体免疫活动。此外，我们对免疫系统的了解越深，发现的细胞类型便越多，这解释了国际人类细胞图谱计划为何是目前最激动人心的生物项目之一。

> 1977年,英国剑桥大学的科学家得出了第一个完整的细胞图谱,这个图谱源自一种几乎透明的微小蠕虫,它被称为秀丽隐杆线虫,约1毫米长,生活在土壤之中。这种小蠕虫的成虫只有约1 000个细胞,科学家们掌握了它身体里每一种细胞的来源与功能。

如果想了解整个生物体的运作机制,我们需要从根本上了解该生物体内的细胞是如何协同运作的。如果我们研究的是单细胞变形虫或者只有3 000个细胞的小蠕虫,要了解细胞的运作是相当简单的,但如果我们真正想了解的是我们自己,那么我们就有前文提到的37万亿个细胞要研究。如果想创建一个模型来说明人体所有的细胞是如何协调运作,组成完整的一个人的,我们需要了解不同细胞的功能、分布,然后研究不同的细胞之间如何协作。到目前为止,生物学家们一直在努力研究人体的细胞,寻找新的细胞类型,研究它们的功能,以加深我们对自身的了解。2016年,两位生物学研究人员——英国剑桥大学的莎拉·泰奇曼和美国马萨诸塞州剑桥学院的特拉维夫·雷格夫聚在一起,制订了一项计划。泰奇曼和雷格夫一直在努力研究活跃细胞和休眠细胞内的基因表达模式。事实证明,在那些功能不强和生长不迅速的细胞内,DNA拥有超过20 000个基因,但只有2 000~3 000个是活跃的，其余的基因都关闭并失去活性，研究人员通过观察哪些基因被激活，就可以仅根据遗传学确定任何一个细胞的类型，新技术的发展使得人们可以直接从活组织中提取样本对单细胞进行分析。泰奇曼和雷格夫意识到，身处新技术发展时期，他们已经可以大胆地提出类似人类基因组计划这样的新计划了，这个计划将绘制人类所有细胞的DNA图谱，被称为"人类细胞图谱计划"。人类基因组计划是一项浩大的工程，始于1990年，花费16年时间才完成，成千上万的科学家投身这个项目，项目花费了数十亿美元。在2006年，科学家们终于公布了最后一条染色体的DNA序列。人类基因组计划的研究结果改变了我们对生物学的理解，而人类细胞图谱计划也有同样的价值潜力。

绘制人类细胞图谱的项目目前正在顺利进行中，来自厄瓜多尔、尼日利亚和俄罗斯等55个国家的584个研究所的1 000多名科学家正投身于此。2018年4月，该项目公布了第一批信息，其中包括超过50万种细胞类型的详细信息，这些数据给我们提供了新的线索，让我们更好地了解了人类生物学。例如，维尔姆斯瘤是一种儿童常见的肾癌，泰奇曼的同事山姆·贝哈蒂发现，维尔姆斯瘤中的细胞实际上只是人胚肾细胞，但它们没有正常发育，而是异常分裂形成了肿瘤。这就意味着，如果能够找到正确的蛋白质信号，这些细胞就可以转化为成熟的肾细胞，若能成功，这一治疗方法便能够取代传统的化疗，用于治疗维尔姆斯瘤。另一项突破是在肺壁上发现了一种全新的细胞——离子细胞,它可能与常见的囊性纤维化有关。此前,一种不同类型的细胞被认为与囊性纤维化有关,因此科学家们开发了以其为靶点的药物治疗,随着离子细胞的发现,一个治疗囊性纤维化更有效的方法有望问世。但倘若只关注这些初期的信息,我们便会忽视人类细胞图谱计划的重点,即为所有的人类生物学研究提供基础。

罗伯特·胡克运气极佳,仅通过观察软木塞片便发现了生物的组成,受到技术的局限,他无法深入研究细胞,便参照了修道院的房间来描述这些微小的盒子。其实,人类细胞图谱中的大多数细胞与软木塞细胞并不相似,与修道院房间的形状更是不同。我有幸参观过胡克工作过的在伦敦的英国皇家学会,学会的图书馆典籍满架,让人惊叹。在那里,我经允许取出原版的《显微图谱》进行阅读,书中昆虫、花朵和真菌孢子的插图华美精致,但最触动我的还是那个简单的软木塞片观察实验。

让人起鸡皮疙瘩的生物真相

人类被驯化了吗

与他人相处的能力是人类与众不同的地方之一。身处如今的世界,你可能会认为这一说法毫无根据,毕竟新闻里永远都在报道数不清的暴力伤人事件,死亡和战争似乎不断出现在网络媒体和电视报道中。而科学家和历史学家对此已产生了质疑,认为这是由于大众媒体灌输的信息影响了人们的潜意识。美国哈佛大学的著名认知心理学家史蒂文·平克对人们变得更加暴力的想法提出了最有力的反驳,他分析了历史上各个时期的死亡人数,得出了结论——我们不是生活在一个战争与暴力的时代,而是生活在一个前所未有的和平时代。世界上人类的数量不断增加,这一事实反驳了人类变得更加暴力的想法。人类是真正的群居动物,这一点与我们的"近亲"大为不同。猿类,尤其是黑猩猩,在群体中往往会行为暴力且情绪不稳定，两群黑猩猩若是相遇，往往会打起来。但人类不同，我们擅长与陌生人和平相处，人类已经变得十分温和了。此外，狗、猫、羊、马等物种的性情变得温顺，通常是因为人类驯化了它们。驯化一个物种的关键之一是让它们变得性情温顺，更能与人类和平相处。那么，人类是否驯化了自己？

> 虽然人们最感兴趣的是驯化动物，但驯化了的植物对人类物种有着更深远的影响。没有小麦、玉米和水稻这些统一、高产的主要农作物，就不会有农业革命，也就不能支撑科技的发展和人类社会的繁荣。

最具影响力的驯化科研项目发生在西伯利亚的新西伯利亚市郊外的一个农场里。俄罗斯动物学家德米特里·别列耶夫曾在苏联毛皮动物育种部门工作，1959年，他受到新的遗传科学和其之前工作的启发，决定尝试驯化狐狸。

虽然是别列耶夫发起了这个实验，但完成了所有关于狐狸的工作的是他的研究助理柳德米拉·特鲁特。特鲁特建立了一个育种计划，对只有一个月大的狐狸幼崽单独进行一项简单的测试，在喂幼崽的时候，特鲁特会试图抚摸它、抱着它。在幼崽出生后的前半年里，这项测试每月进行一次，在测试之外，幼崽不会接触人类。半年的测试结束后，研究人员会对幼崽进行驯化度评分，每一代中只有驯化度排在前五分之一的狐狸才被允许繁殖。在短短六年时间里，经过了六代驯化，科学家们繁育出了喜欢被人类触摸的狐狸，它们会摇尾巴，独处时会发出"呜呜"声，还会舔实验者的手。到1979年，狐狸已经繁育到了第20代，此时大约有三分之一的狐狸幼崽经测试，归入最温顺的一类。到2009年，温顺的狐狸幼崽的数量超过三分之二，这表明人们仅通过50代狐狸就驯化了它们。在这50年的时间里，参与了实验的狐狸逐渐适应了群居生活，且行为更加温顺。除此之外，它们的身体也发生了变化，头骨变得轻巧精致，鼻子变短，皮毛也发生了变化，颜色变得斑驳，甚至变成了红色，犬齿也变小了。根据对化石的研究和对其他家养动物的观察，这些变化是意料之中的。驯化不仅使狐狸乐于与人类互动，还改变了它们的身体，其中头骨最为明显，而这些现象也曾经同样发生在我们人类身上。

美国科学家对古人类化石的研究发现，在9万至8万年前的某个时期，人类头骨出现了一些变化，我们眼睛上方的眉脊不再高耸，头骨也变短了。此外，与直立人和海德堡人相比，我们的下颚变得不那么凸出，并且向后缩到了头骨下面，我们的鼻子缩短了，犬齿也减少了。这些特征都与驯化有关，我们不仅可以在化石记录中看到这些特征，在别列耶夫和特鲁特驯化的狐狸中也可以看到。如果我们的头骨显示出与被驯化的动物相似的痕迹，那么人类极度社会化是因为驯化这一假设是合理的。这有一定的进化意义，因为要实现通过自然选择进行的进化，需要你能通过生殖来传递你的基因，随着人类人口增加、群体壮大，那些更善于与他人交往的人更有可能找到配偶、生育后代，并将他们养育成人。善于社交、与陌生人友好相处将成为一种进化优势，人类需要在大群体中相互交流，这一事实造成了选择压力，这一压力如同别列耶夫和特鲁特人为地给狐狸施加的压力。

这些证据浅显地说明了，人类与狼、马和牛一样，都经历了一个驯化的过程，但我们只知道被驯化的结果，还不知道人类是如何被驯化的。别列耶夫和特鲁特的温顺的狐狸早期出现的变化之一是它们血液中的肾上腺素水平降低了，更为深入的研究表明，可能是睾酮的减少导致狐狸乐于与人类接触，其身体也出现了变化。而最有趣的新发现是，被驯化了的生物出现的共同特征与胚胎早期的一种细胞——神经嵴细胞之间存在着关联。

在人类或其他任何哺乳动物胚胎的发育过程中，神经管最先出现。受精约8天后，人类胚胎还只是一个由许多细胞构成的中空的球体，这时胚胎的表面会折叠起来，形成一个内管，然后在神经嵴细胞的帮助下闭合，形成神经管。神经管会继续发育成脊髓、大脑和神经系统。一旦神经管形成，这些细胞就会被遗留下来，继续发展形成身体内一系列不同的组织和结构，从头部骨骼到皮肤中的色素细胞、肾上腺，甚至是牙齿。正是这些迥然不同的组织和结构，映射出了驯化综合征的部分特征。在别列耶夫和特鲁特的实验中，狐狸头骨的形状发生了变化，牙齿也发生了变化，毛色受到了影响，肾上腺素也开始减少，这些可能是由于肾上腺发生了变化。这种关联引起了人们的好奇，这一现象表明驯化的根本原因可能是神经嵴细胞的减少。但目前来说，这只是一个假设，在我撰写本文时，科学家们还没有确凿的证据表明神经嵴细胞和驯化之间存在着因果关系。一旦有确实的证据出现，那么这将是一扇窗，拓展我们的认知，让我们了解人类是如何实现自我驯化，变得性情柔和且善于社交的。

人类复杂多样的肤色

在21世纪的现代社会,肤色仍然是一个严肃的话题,这无疑是我们现代文化中最为敏感的问题之一,人类何以出现多种肤色的课题被科学家们广泛研究。生物学中少有简单的原理,属于生物学范畴的这一课题同样十分复杂,因此,我们关于肤色的科学发现越多,对肤色的了解反而越模糊,也就不足为奇了。虽然目前皮肤色素沉着的"原因"仍在争论中,但关于"何时"出现不同的肤色已有了定论。

科技革命使我们如今可以提取和分析古代DNA,所有关于肤色年代测定的工作都是在此之后才开始的。人类的皮肤、毛发,或与这些组织有关的任何痕迹都不会形成化石记录,因此,我们仅凭干燥的化石无法确定远古类人猿的肤色,甚至连早期人类的肤色也无法确定。肤色是由一种叫作黑色素的化学物质决定的，这种化学物质有着多种不同的形式，并非所有的黑色素都是黑色，但最常见的是棕色和黑色。黑色素细胞位于皮肤表层底部，即表皮层底部，黑色素便是由该细胞生成的，这些细胞呈蜘蛛状或海星状，长长的突起延伸至表皮的其他部分。在黑色素细胞内部，黑色素被包裹成一小束，然后送到这些长长的突起的末端，被周围的皮肤细胞吸收，因此，黑色素不仅存在于黑色素细胞，还扩散到周围的皮肤。你皮肤的颜色取决于你的黑色素细胞产生多少黑色素，而黑色素的多少则是由促黑素细胞激素受体（MSHR）决定的，促黑素细胞激素受体蛋白位于黑色素细胞的表面，当它从脑下垂体得到激素信号时，就会开始产生黑色素。你有多少促黑素细胞激素受体取决于你的促黑素细胞激素受体基因的活跃度，这便是有些人皮肤黑而有些人皮肤白的最终原因。该发现一经证实，遗传学家们便开始在古DNA中寻找这种基因的存在，他们研究了很久之前的古人类化石基因组，发现这些古人类都有促黑素细胞激素受体基因，因此他们很可能是深色皮肤。事实上，遗传学家们回溯了人类的进化史，发现黑色皮肤最早进化出现的时间是在至少120万年前，同时期，我们身体大部分的毛发也消失了，而在那时，智人还没有出现。

这样看来，当智人第一次作为一个独立的物种出现时，我们的皮肤是黑色的。浅色皮肤的进化发生得很晚，从人们的肤色来看，浅色皮肤的进化已经在不同的地方发生了两次，对欧洲人来说，这一进化似乎发生在仅6 000年前。之前提到，人类最早在约4万年前进入欧洲，因此，在占领欧洲的85%的时间里，人类都是黑皮肤。发现这一现象的研究人员还发现，早期欧洲人的基因中曾出现突变，这个突变并未发生在促黑素细胞激素受体基因中，而是发生在了黑色素细胞的生成过程中。东亚人较浅的肤色则源于另一种遗传性改变，但在本人撰写此文时，科学家们还没有确定该遗传性改变出现的时间。

如今，我们知道了何时古人类出现黑皮肤和减少毛发，也知道了人类，至少是欧洲人何时变为浅色皮肤，但为什么会出现这一现象，又是什么进化动力导致了这一现象，科学家们还在讨论这些问题。

> 发色也是由毛囊中干细胞产生的三种黑色素之间的比例决定的（见本书第133页）：黑色真黑素、棕色真黑素和红色褐黑素。随着年龄的增长，黑色素的分泌会减少，其中黑色真黑素的分泌逐渐降到最少。如果老年人的头发中含有黑色真黑素，则会变灰，若没有，则会变白。

究竟是什么推动了肤色进化成黑色，又从深色进化成浅色，人们对此进行了激烈的争论，也提出了一些有竞争力的理论。目前，在众多理论中，有两个理论正在生物学界争锋。老一点的理论在50年前提出，是围绕基本营养物质叶酸与维生素D来研究的。叶酸也称维生素B_9，是一种重要的微量营养素，能够帮助人体修复DNA、促进细胞分裂并帮助其他各种细胞实现各自的生物功能。叶酸缺乏会导致一系列疾病，但最严重的是会导致各种贫血。在怀孕期间，叶酸对胎儿的健康成长尤为重要，叶酸不足会引发早产和婴儿神经管缺陷，出现如脊柱裂等症状，因此人类在维持叶酸水平方面存在着强烈的进化选择压力。我们知道，早期的类人猿出现进化，离开了森林，生活在非洲的平原上，为了维持和调节体温，他们失去体毛，开始出汗。失去体毛的类人猿受到了更多紫外线的照射，而紫外线会导致叶酸分解，为了应对这一点，早期的类人猿进化出了深色的皮肤，其含有大量的黑色素，可以吸收更多的紫外线，以此来防止叶酸的消耗，这就是为何古人类的皮肤进化成了黑色。后来，人类皮肤色素的减少被发现与另一种维生素有关，即维生素D，其对人体生长起着同样重要的作用。维生素D缺乏会使人体无法从食物中吸收矿物质钙，进而导致一些骨骼软化疾病，如儿童佝偻病，以及免疫系统调节问题，而免疫系统失调则会导致自身免疫性疾病，人体也易受感染侵袭。对世界上大多数不吃鱼的人来说，维生素D的主要来源是阳光，尤其是上文提到的紫外线，但这次，紫外线对人体有益，而非有害。紫外线将许多食物含有的胆固醇转化为维生素D的前体，之后由肝脏对其进行最后的化学修饰，合成维生素D，维生素D进入肠道以确保人体对钙的吸收，进入免疫系统使其得以正常运行。当黑皮肤的智人在大约4万年前第一次走进欧洲时，尤其是走进处于冬季阴冷昏暗的北欧，紫外线的照射减少了，人体内的维生素D也减少了。我们可以推测，之后的人类一直在遭受维生素D不足的折磨，直到出现了一种突变，这种突变出现在人类进入欧洲之后的2万至3万年间，它的出现导致人体停止产生黑色素。若是在非洲，紫外线的增加破坏了人体必需的叶酸，这一突变绝不是好事；但对生活在阴暗的、紫外线不是那么强烈的欧洲的人来说，这个突变便不是坏事，反而对人类有益，因为现在更多的紫外线可以穿过皮肤，进而促进维生素D的生成。

这个维生素D-叶酸的假说对人类深肤色和浅肤色的进化做出了解释，这个假设有趣又简单明了，有明确的营养需求，可以清楚地将其视为进化的驱动力。但一些研究人员认为，这一假说并没有实际的证据，位于美国旧金山的加州大学的一个研究小组提出了另一种观点。他们曾做过一项实验，让浅色皮肤与深色皮肤的志愿者暴露在紫外线下，并检测他们体内的叶酸水平，以试图重现紫外线引起血液中叶酸下降的说法。但实验表明，肤色不同并未出现差异，紫外线对血液中的叶酸也没有产生影响，实验的结论是紫外线穿透皮肤的程度不足以对人体内的叶酸产生影响。在另一项类似的实验中,一批志愿者在冬季的丹麦进行日常生活,那时的丹麦紫外线水平很低。依据维生素D-叶酸假说,浅肤色的人可以利用最少的紫外线来生成维生素D,而深色皮肤的人则会吸收所有的紫外线,导致他们体内的维生素D较少。但研究人员检测了志愿者们体内产生的维生素D水平,结果两组是一样的。当然,生物学界也存在证据支持维生素D-叶酸的假说,反驳这些实验得出的结论。另外,还有其他的研究小组提出了不同的假说。

在加州大学的研究小组提出的假设中,水是深色皮肤进化的主要驱动力。具体来说,就是类人猿走出森林,失去毛发,开始出汗,而这时,新的压力出现了。类人猿生活在非洲大草原,脱水成了新的问题,表皮中的黑色素能使皮肤不易流失水分,有助于保存珍贵的体液。之后,深色皮肤的人移居到潮湿昏暗的欧洲,他们的体内有充足的维生素D,同时也不需要保持水分,但仍在生成黑色素。尽管生成黑色素的能量消耗很小,但已有实例证明人类在进化过程中会舍弃不必要的能量消耗,这就可以解释为什么欧洲人的身体会为了节能而减少色素的生成。

那么,人类的皮肤到底为何会变黑,欧洲人和东亚人的皮肤中的黑色素又为何会减少?我们目前只知道这背后存在着复杂的原理。维生素D-叶酸假说中关于叶酸的假设有些站不住脚,也仍有许多科学家质疑黑色素的节水功能，关于人类肤色的研究显然还没有定论。我们目前知道，肤色与黑色素吸收紫外线的方式有关，但其确切的机制仍然未知，最新的研究在本质上就是试图将这两种理论融合起来，认为它们同时存在。生物学总是纷乱又错综复杂的，也许人类肤色的真相就是这样，甚至更加复杂。

死亡速度

2018年，来自美国斯坦福大学的两名科学家程先瑞和詹姆斯·费雷尔在发布的新闻公告上表示，他们测量出死亡的速度约为每小时2毫米。这一标题非常吸引眼球，许多媒体纷纷宣传报道，想必斯坦福大学十分高兴，可惜大部分看到新闻标题的人可能会认为他们测量出的是像人这样的大型生物的死亡速度，然而，实际上他们测量的是地球上所有多细胞生物的基础——细胞的死亡速度，而这对许多人来说很陌生。细胞死亡的过程被称为细胞程序性死亡，或细胞凋亡（Apoptosis，来自古希腊语，意为"脱落"，但实际指细胞自灭）。

> 细胞凋亡不仅存在于动物界，而且植物界也有类似的机制，但植物细胞凋亡后，细胞壁仍然存在，植物内部的许多结构都是这样产生的。例如，细胞凋亡后，死亡已久的细胞连接在一起成形，便形成了木质部导管，导管使水分得以在植物内部流动。

如今，人类，乃至所有的动物，体内都在进行着消灭健康细胞的过程。从表面上看，这似乎很奇怪。而且，这也不是什么鲜为人知的罕见细胞活动。我们难以得出人体细胞凋亡的具体数字，因为人体体内每天都有数以亿计的细胞凋亡。为何我们体内会有这么多细胞自灭？人体内所有细胞的寿命都是有限的，例如，红细胞的寿命约为120天，肝细胞可达18个月，而白细胞只有13天左右。人体拥有37万亿个细胞，而每天的细胞周转量约为总数的0.5%，细胞凋亡能够处理掉那些不再发挥作用的破损细胞。细胞内部充满了复杂的酶和化学物质，如果任由它们在年轻细胞和健康细胞之间扩散，结果可能会产生不可估量的损害，人体绝不能让那些需要被替换的细胞爆炸分解，因而细胞的分解必须是一个有序、可控的过程。

细胞凋亡最早是在19世纪被发现，但直到20世纪70年代我们才开始了解这一过程。首先，将要自灭的细胞会收到一个信号,这个信号可能是细胞内部产生的,也可能是外部提供的,通常是来自组成免疫系统的细胞。细胞一旦接收到信号,就注定要凋亡,随后就会发生一系列连锁反应:细胞内部的DNA开始裂解,一种叫作胞膜空泡化的特殊过程开始进行,细胞表面开始形成被称为泡的肿块、突起,细胞内的微小器官被推入这些向外延伸的气泡中,形成奇怪的星形外观,特殊的免疫系统细胞就像是垃圾桶,将这些泡吞噬,并安全地分解和回收剩下的细胞碎片。

20世纪末,约翰·萨尔斯顿、罗伯特·霍维茨和西德尼·布伦纳破解了死亡信号运作的科学原理,而遗传学知识占据了重要的位置。基于他们做出的贡献,他们在2002年获得了诺贝尔生理学或医学奖,而这一信号也正式被称为死亡信号。他们最初研究的是一种很小的蠕虫,它有一个绕口的名字——秀丽隐杆线虫,之所以使用这种蠕虫,是因为它们易于保存、繁殖速度快,且体内的细胞数量少,方便科学家对其计数,并逐一研究细胞的去向。显然,细胞凋亡不单是除去不再发挥作用的破损细胞,也是修剪细胞的一种方式。如今我们知道,人类胎儿的大脑在发育时,产生的细胞要远大于所需,这是为了确保脑细胞之间建立正确的连接,如果细胞处在错误的位置或没有与其他脑细胞连接成功,就会收到死亡信号,被小心地修剪掉。

在世纪之交的2000年,人们做了一个有趣的实验,观察蝌蚪发育成青蛙的过程中脚趾是如何发育的。研究人员经过仔细观察发现，蝌蚪的脚先是形成一个铲状结构，再分裂成多个脚趾。这个实验的巧妙之处在于，研究人员用荧光色标记了所有接收到死亡信号的细胞，我们明显可以看到，铲状结构中的细胞并不会变成脚趾，它们会进行自灭，只留下了脚趾状组织中的细胞。人体同样明智地运用细胞凋亡，使得我们的器官和结构在形状上得以发展。

我们还知道死亡信号是如何在细胞周围甚至细胞之间传播的。还记得前文提到的程先瑞和费雷尔吗？他们设法观察和测量的便是死亡信号在一个大的青蛙卵细胞中移动的速度，关键在于，他们发现死亡信号的移动速度比单纯的扩散要快——扩散是化学物质通过化学分子的随机振动在液体中逐渐分散的过程。如果你在一杯水的底部放一些盐，之后将水杯静置，随着时间的推移，即使水没有晃动，也没有人为搅拌，单凭盐的扩散，最终也会使水的咸度变得均匀。在细胞死亡速度实验中，程先瑞和费雷尔在卵细胞中使用了红色染料，我们可以看到死亡信号传播的速度远远超过了这种染料扩散的速度。事实证明，死亡信号是通过一种正反馈的形式传播的，生物学家称之为触发波，我们可以在很多生物系统中看到这一现象，其中最为人熟知的是神经冲动通过神经纤维传递。虽然每个触发波的具体机制不同，但其基本原理是相同的：一个初始的微小信号可能涉及单个分子，引起一个小变化，使其本身产生更多的初始信号；更多的初始信号会引起更多的变化，产生更多的初始信号，这就是一个正反馈循环，它使信号传播的速度比单纯的扩散快得多。目前的理论认为，这个系统已经出现进化，以确保一旦收到死亡信号，整个细胞便会同步且快速地发生凋亡，从而确保有序地清除该细胞。

然而，不只是发育生物学家对细胞凋亡感兴趣，医学界同样关注这一机制，因为细胞凋亡机制一旦出错，引发的系统失灵会产生可怕的后果。科学家们最初认为，癌症是一种细胞分裂失控的疾病，一个细胞变异后，失控地分裂，就形成了肿瘤。而如今，我们对细胞凋亡的机制有了一定的了解，也拥有最新的DNA测序技术，我们可以观察到，细胞对死亡信号失去反应，是许多癌症产生的全部或部分原因，那些本应被清除的细胞仍然在身体内徘徊，从而引发癌症。这个发现为治疗癌症开创了新的可能性。例如，一些早期实验通过使用辣椒素（使辣椒变辣的化学物质），能重新激活老鼠前列腺癌中的细胞凋亡机制。这些实验引起了人们的兴趣，但目前要想在人身上产生这种效果，患者需要每天吃10个极辣的哈巴内罗辣椒，包括辣椒籽，要整个吃下去，这相当于吃1 500个墨西哥辣椒——虽然墨西哥辣椒很辣，但更容易让大家接受。显然这是不现实的，这项研究仍在进行中，但重新激活癌细胞的凋亡机制，从而达到治疗癌症的目的，这种可能有效的治疗方法令人兴奋。

关于细胞凋亡，我最后还要谈一个有趣的概念。近源物种中，控制细胞凋亡的基因通常非常相似，但这一点并不适用于人类。我们的细胞凋亡基因不同于黑猩猩等其他灵长类动物，我们的基因并不那么活跃，而这为我们人类拥有如此大的大脑做出了可能的解释。上文曾提到过，大脑在形成的过程中需要通过细胞凋亡来小心地清除多余的细胞，与黑猩猩相比，人类的细胞凋亡不那么活跃，这就可以解释为何人类的体形较小，但大脑很大。不仅如此，细胞凋亡不活跃也可能是人类更长寿的原因，虽然一个细胞的凋亡速度不会直接影响整个有机体的生死，但细胞凋亡绝不仅仅是生物学上的一个偶然，通过细胞凋亡，我们有可能会发现人类智力是如何进化的，并获知人类死亡经历的过程。

奄奄一息与确认死亡的区别

大多数人一般不会花太多时间考虑自己的生死问题。在许多文化中，人们会将其视为禁忌，不会在礼貌的交谈中提及，所以你可能都没有考虑过死亡这一棘手的问题。从表面上看，这个问题似乎很愚蠢：毕竟，死了就是死了，再也回不来了。这是事实，但问题是我们如何划定生死的界限。如果生物非常活跃或完全死亡，生死是显而易见的。但是，如果一个人处在生死界限的边缘，气息尚存但已是半死的状态，那么问题就来了。

1628年，英国解剖学家威廉·哈维发表的《心血运动论》首次正确地描述了血液如何进行全身循环，他这本激进的著作挑战了自罗马医生盖伦的时代以来一直坚持的科学教条，历经20年才被人们完全接受。在书中，哈维提出了第一个关于死亡的生物学概念。在那之前，许多医生甚至对接诊绝症患者犹豫不决，因为他们的名誉与生计取决于那些能够活下来的病人，而非死去的病人。哈维提出了一个简单的概念：当心脏停止跳动、血液在身体中停止流动时，人就死了。必须说明的是，哈维在他的书中花了大篇幅来解释这个简单的概念，这个概念如今被称为心血管死亡，给了主治医生和护士一个简单的标准来确认生命的消失和死亡的到来。如果能探测到脉搏，那么这个人便是活着的；如果探测不到，那么就是死了。

当然，事情没有那么简单。医学上常会出现极其微弱的脉搏无法被检测到的情况，有时是由于患者的生理原因，有时是由于某种疾病。在哈维去世后的几个世纪里，这成了一个大问题，当一位名叫威廉·霍斯的医生呼吁救助伦敦泰晤士河的溺水者时，这一问题就变得更加棘手了。1773年，霍斯发出悬赏，征收从河里捞起来的昏迷不醒的人，不论救治结果如何，他都支付报酬。然后，他用各种方法试图令昏迷的人苏醒。有时他的方法是成功的，那些出现心血管死亡、心脏停止跳动的人又苏醒过来了。显然，事实并不像哈维和医疗机构所想的那样，心血管死亡有时并不代表人体真正的死亡。

在整个19世纪，人体何时真正死亡成了许多欧美人士关心的问题。这时，探测不到脉搏显然不足以认定患者死亡，这一认识推动了19世纪各种安全棺材专利的出现，这些棺材都装有各种铃铛、呼吸管和通信设备，以确保人们不会因被误诊为死者而被活埋。这似乎引发了一种恐惧症，使许多人产生了各种想象，这也解释了为什么伟大的美国作家埃德加·爱伦·坡专门写了五篇关于这个主题的短篇小说，其中包括《过早埋葬》，书中的主人公为自己制作了一个精致的安全棺材。

直到19世纪末，这一切才开始改变。1887年，在伦敦工作的法国生理学家奥古斯都·沃勒记录了世界上第一张心电图（ECG），显示了心脏的电活动是如何随时间变化的。他使用的第一台设备与现代医院的高科技设备大不相同，设备装置了一个带发条的玩具火车，载有一个照相底片，沿着轨道飞驰，经过一个电流测量装置的投影图像，其产生的痕迹无疑是一个心电图。这种技术后来得以发展，玩具火车也被其他设备取代，为医生测量其他生物电活动——如大脑电活动——打开了大门。

1924年，德国精神病学家汉斯·伯杰记录了第一张人类脑电图（EEG）。到20世纪40年代，脑电图已成为一项相对常规的检查项目，医生甚至可以在任何时候推出脑电图仪来检查患者大脑的活动，例如生命迹象。脑死亡对心血管死亡作出了补充，这一概念逐渐盛行了起来。1968年，法国第一个对脑死亡进行了法律定义，围绕着这个概念的发展，出现了一种阴谋论，并作出了一种假设，一些人认为脑死亡之所以被医学界采用，是因为它为新近完善的器官移植技术提供了方便。这一理论表示，医务人员寻找不到合适的捐赠器官，这是因为一旦患者被宣布了心血管死亡，往往一切都太晚了，医务人员无法及时将捐赠的器官送到需要的地方。因此，一个关于死亡的新定义被编造出来，使病人在宣告死亡后得以继续存活，直到外科医生得到需要的器官为止。确实，脑死亡而非心血管死亡的人可以通过人工通气和静脉营养来维持生命，而这两种技术也确实是同时出现的。但通过对医学史的仔细分析，我们得出了一个不同的结论：这种相关性在阴谋论中常常出现，但并不意味着两者之间一定有因果关系，事实上，这两个科学领域是平行发展，后来才形成互补的。

这两种死亡的定义适用于大多数情况，但依然存在一些边缘情况有待商榷。服用过量巴比妥酸盐或镇静剂昏迷的病人能对诊断性反射测试做出反应，例如，强光照射眼睛时瞳孔可以反射，但对他们进行脑电图测试时，结果却呈阴性。这就是患者出现脑死亡，但其身体的其他部分还在运作的情况，而这种情况对医生来说十分棘手。

那么，对我们大多数人来说，真正的死因是什么呢？一个简短的回答是，体内平衡失衡导致心血管死亡。人类的身体内部，乃至任何动物的身体内部都有一个严格控制的环境，尤其是哺乳动物。人体的核心温度大约是37℃，上下0.5℃属于正常变化，一旦超出这个范围的体温，都是不正常的，通常是由疾病或其他身体系统的故障引起的。受到严格控制的不仅是温度，血液的压力、酸度和黏度，体内氧气和二氧化碳的含量，以及铜、铁、钾、钠和钙等矿物质的含量都受到了严格控制。综合起来，所有的控制系统构成了体内平衡，以确保提供人体能量的化学物质能够正常运转。在数百万年的进化过程中，我们体内所有的化学机制经过优化，得以适应特定的环境，如果偏离了正常环境，生物化学要么就完全停止工作，要么就变得效率低下，还不如停止工作，但医生绝不会把体内平衡失衡写在死亡证明上。

> 1972年，詹姆斯·拉夫洛克提出盖亚假说，将内稳态应用到全球生态系统中。拉夫洛克的假说认为，我们的生态系统内部相互作用，从而调节环境，使其适合生命生存。同样，人类可以打破盖亚假说，对全球生态系统产生影响，与外在力量能够破坏健康的有机体是同样的道理。

目前，发达国家中人们死亡的两大主因是心脏病和中风。这两种病的潜在病因是我们身体特定区域（心脏和大脑）的血液流动不畅，结果导致心脏或大脑的氧气水平下降，低于内稳态控制的正常水平，使得组织死亡，直接导致心血管死亡或脑死亡。而在不发达国家和地区，传染性疾病的死亡率高得令人难以置信，如疟疾和霍乱等。疟疾的传染源是一种寄生在血细胞内的单细胞生物，它会破坏大量的血细胞，导致患者死于贫血，本质上是死于缺氧。另一种传染病霍乱则会引起严重的腹泻，使患者因脱水和血液黏度增加而死亡。甚至癌症的原理也是干扰一个器官的正常功能，最终破坏身体内部环境的平衡。正如本杰明·富兰克林，也可能是马克·吐温、丹尼尔·笛福或克里斯托弗·布洛克评论的那样，在这个世界上，除了死亡和税收，没有什么是确定无疑的。

憋尿能使人集中注意力

2011年12月8日晚,当时27个欧盟国家的领导人在布鲁塞尔共进晚餐。这次晚宴是一场峰会的开端,旨在讨论欧盟金融机构,尤其是使用欧元的金融机构发现的问题。欧元是2002年创立的欧洲联合货币。与后来的英国"脱欧"事件相比,在2011年12月的峰会上出现的争论还是相当缓和的,但这在当时是个大新闻。时任英国首相戴维·卡梅伦预计到了未来的情况,决定动用他的最终谈判武器,对拟议中的提案行使了英国的否决权。卡梅伦非常清楚,这场峰会对英国和当时的政局至关重要,因此,为了确保自己保持良好的状态,他运用了个人的决胜策略——不去排尿。排尿,一个隐晦而多余的科学术语,代指撒尿。说白了,就是他虽然想去撒尿,但还是憋着。卡梅伦的理论是,憋尿会强迫自己忍受想撒尿的不适，而这能让他集中精神，使自己更有效地进行谈判。

卡梅伦之前就使用过这个技巧，最有名的一次是在2007年的英国保守党大会上。在当时的情况下，他需要做出精彩的表现，以团结处于弱势的政党，提升保守党在选民心目中的地位。根据后来制作的有关该事件的纪录片，卡梅伦做了一个具有风险的决定，他将精心准备的稿子背下来，进行脱稿演讲，如果能成功实施，这将为其演讲增光添彩；他还决定采用憋尿的策略，在整个大会过程中都不去排尿。最后，历史告诉我们，这是一次巨大的成功，演讲受到了热烈欢迎，保守党的支持率也得到了很大提升，这就是为何他在欧盟峰会上又用到了这一策略。而且这样做的不止卡梅伦一个人。

我们经过不懈的新闻调查才发现卡梅伦早在10年前就开始使用这个技巧了。伊诺克·鲍威尔，最伟大的保守派演说家之一（这一说法虽有争议），现在因公然发表种族主义演讲而声名狼藉。当被问及演讲的策略时，他说："在重大演讲之前，什么事都不要做，这样可以缓解紧张，同时，也有一些方法可以缓解压力。"据鲍威尔表示，憋尿就是其中之一，膀胱充盈对演讲很有帮助。显然，憋尿的确是一种提升演讲能力的技巧，但这有科学依据吗？

人们对这一奇怪的现象进行了少量的研究，早期研究这一现象的科学家甚至因此获得了搞笑诺贝尔奖。搞笑诺贝尔奖每年由剑桥大学幽默科学杂志《不可思议研究年报》颁发，用于奖励那些搞笑又引人深思的科学研究，始于1991年。比如，获得2018年搞笑诺贝尔奖的研究包括使用过山车来加速肾结石脱落、唾液可以作为良好的清洁剂以及利用巫毒娃娃来报复无良老板[①]等。2011年，搞笑诺贝尔医学奖授予了两个研究小组，分别来自荷兰和澳大利亚。这两个研究小组都对憋尿进行了研究，研究其对集中注意力的作用。我们所知道的生物学知识是肾脏在排出尿素、多余的盐分和液体时就会产生尿液，而尿液储存在膀胱中，膀胱中的尿液达到约400毫升时，我们就会产生尿意。我们人类是幸运的，在孩童时期就学会了控制膀胱，可以选择何时何地排尿。人类的膀胱能够轻而易举地容纳800毫升的尿液。而早上醒来时，我们的膀胱甚至可能容纳了将近一升的液体。一旦膀胱中的尿液达到400毫升，我们就会有轻微的感觉，一种近乎内部痒痒的感觉。如果我们选择忽略这种感觉，膀胱则会胀大，以容纳更多液体。痒痒的感觉会逐渐强烈，膀胱壁的牵张感受器会检测到这种感觉，并向大脑报告疼痛，如果我们继续憋尿，疼痛就会增加，之后疼痛会减弱，最终膀胱失控，出现失禁。值得庆幸的是，我们大多数人很少会遇到这种情况，避免反复和长时间的憋

---

① 该项研究证明，这种"报复"可以提高员工的斗志和工作效率。

尿是明智的，因为身体在憋尿的时候，尿液中的细菌会繁殖，这可能导致尿路感染。

在这两组搞笑诺贝尔奖得主中，来自澳大利亚的研究小组测试了8个人，让他们每隔15分钟喝250毫升的水，直到他们强烈感觉需要排尿，每隔一个小时，研究人员会安排受试者进行认知功能测试，用于观察憋尿如何对人们产生影响。结果显示，受试者在憋尿之前，进行测试的能力没有出现变化，但他们在急需排尿时，完成测试的能力便急剧下降。不出所料的是，在排尿之后，他们的认知能力又恢复到之前的水平。但来自荷兰的研究者米丽娅姆·图克得出了截然相反的结论，图克表示，在一些任务中，憋尿可以提高人们的表现水平。在图克的研究中，受试者被告知他们要进行一项关于水的品尝测试，受试者被平均分为两组，一组需要喝下几杯水，总共700毫升，而另一组人则只需要喝几小口水。然后，他们要等待40分钟。在这40分钟里，水被身体吸收，多余的液体被肾脏处理。在这之后，研究人员才对受试者进行测试：受试者能够获得一笔报酬，他们可以选择第二天就得到20欧元，也可以选择在一个月内得到40欧元。之后，图克对这些正犹豫不决的受试者进行提问，了解他们排尿的迫切程度，对于那些喝了大量水的人，他们平均的迫切程度为4.5（范围从1到7），而只喝了几口水的人则没有明显的尿意。结果显示，排尿的迫切程度与受试者做出的选择出现了对应关系，那些膀胱充盈的人更可能选择在一个月内拿到更多的钱。至少在这个实验中，膀胱充盈能增强人们抵抗快速满足的能力，并坚持得到更高的回报。这个结果有些令人吃惊，因为这与本应占据主导地位的自我消耗理论背道而驰。根据自我消耗理论，在任何时候，我们每个人的自制力都是有限的，如果我们把自制力消耗殆尽，那么就无法继续自我管理。那么在图克的实验中，受试者需要憋尿，他们更应该选择更快地获得较少的经济奖励，而不是相反。为了解释这一发现，图克随后得出了一个抑制溢出理论。该理论认为，由于受试者的自我控制是同一个人进行的，所以憋尿时已经产生的自我控制帮助他们坚持选择了更多的钱。乍看之下，这两个不同的实验小组得出的结果似乎是矛盾的，但其实两者是互补的。澳大利亚的研究小组的研究结果表明，受试者只有在极度渴望排尿时才会表现得糟糕，使憋尿出现负面影响。而在憋尿的过程中，自我控制的影响效果似乎是逐渐增加的，从而增强了我们的自我控制能力，但如果尿意过于强烈，这一效果就会付之一炬。

  单就这个实验来证明抑制溢出理论，似乎有些单薄，但已有研究人员做了进一步的研究，证实了这一理论。美国加利福尼亚州立大学的研究人员进行了一项实验，他们观察人们在膀胱充盈时的说谎能力。大约22名学生接受了问卷调查，以确定他们在一些有争议的社会和道德问题上有自己的独立信念，然后研究人员对这些学生进行采访，并要求他们撒两个谎，就自己的感受和信念撒谎。其中一半的学生在访谈前45分钟喝了700毫升的水,而另一半人只喝了50毫升,喝了更多水的那组人在接受采访时都膀胱充盈,想排尿。结果显示,那些急着上厕所的学生说的谎更有说服力,他们在要撒谎的问题上给出了更长、更流利、更可信的回答。

结合这两组获得搞笑诺贝尔奖的研究,我们可以推断出,抑制溢出效应不仅有助于我们表现出更强的自我控制能力,还有助于我们提高处理复杂事物的能力。撒谎是一项非常繁重的任务,它会给我们的大脑带来巨大的认知负荷,而憋尿则可能帮助我们集中注意力。图克后来在伦敦的帝国理工学院任教后,仍继续研究自我消耗和抑制溢出效应是如何共同作用的,而最新的一项实验是要求人们观看一部电影,然后简短地回答一些问题。受试者以为研究的重点是电影,但他们不知道,真正研究的重点是放在桌子上的薯片,受试者被平分成两组,一组被要求在看电影的过程中控制自己的情绪,另一组则在没有任何指导的情况下观看电影。控制情绪的受试者表现出抑制溢出效应,他们在看电影时薯片吃得不多,但随后在采访中吃得很多。遗憾的是,图克并没有事先让受试者喝水,所以我们不知道憋尿是否能帮助受试者抵抗薯片的诱惑。

因此,戴维·卡梅伦在2011年与欧盟领导人进行关键的财政谈判时,决定采纳伊诺克·鲍威尔的建议,坚持憋尿,这是有充分的科学依据的。强迫自己实行自我控制,不上厕所,使得抑制溢出效应得到发挥,这样他应对复杂局面的能力将得到提升,而这会给他的演讲带来优势。有趣的是,我也会采用这种策略。我乐于承认,我通常会在傍晚的时候写作。在此之前,我会喝好几杯茶,然后试图将自己调整到一天中最好的状态,才开始写,我这时的膀胱总是满满的。这个技巧的秘密就是抓住抑制溢出效应的好处,增强我们集中注意力的能力。但是,我们同时要规避澳大利亚的研究中发现的负面效应,不要憋尿太久,让自己走入绝望。

近乎人类

恐怖谷效应

2016年，在新上映的"星球大战"系列电影《侠盗一号》的片尾，女演员凯丽·费雪将出演她曾饰演过的莱娅公主，但其实电影中的人物并不是真正的凯丽·费雪。说来复杂，大致就是我们在屏幕上看到的莱娅公主其实是1977年原版《星球大战》中莱娅公主的翻版，工作人员利用最新的数字技术，将莱娅公主的脸从保存的档案影片中提取出来，并制成动态画面。我看到莱娅公主的虚拟成像时，产生了一种奇怪的感觉。在我去电影院看这部电影的前一天，凯丽·费雪不幸去世了。对此我很难过，这不仅影响了我的情绪，而且她的去世让我不相信我在电影上所看到的莱娅公主。我知道那不是真正的凯丽·费雪，而是计算机生成的图像，这让我感到困扰，因为生成的图像不太对劲，让人有点不舒服。而影片的其余部分，即使画面出现了各种疯狂的外星物种、星际飞船，也没有让我产生那种感觉。计算机生成的莱娅公主陷入了"恐怖谷效应"。

"恐怖谷效应"这个词由日本学者首次提出，直译过来为"可怕的山谷现象"。1970年，森昌弘教授首次提出了这个理论，并在1978年首次使用了英文术语"uncanny valley"（恐怖谷效应）。这一理论基于一些观察：我们不仅对他人具有同理心，而且对有关人的图片也具有同理心，并且人物的形象，尤其是人脸越逼真，人们越容易对它产生同理心。从一个简单的笑脸表情开始——两个点代表眼睛，一个点代表鼻子，一个曲线代表微笑——这个表情并不能真正传达情感。而如今我们手机上的表情有明暗变化，有不同的颜色，有牙齿，甚至还有眉毛和带瞳孔的眼球，这传达了更多的情感，而且随着脸部表情更加逼真，传达情感的效果也会持续增加。那么你可能会认为，当人脸图像越来越接近真实的人类时，我们对这些图像会越来越有同理心。但当图像与人类的相似度很高，却又不完全一样时，人们的同理心会突然消失，取而代之的是一种怪异感，甚至是厌恶。

一些早期的动画电影会试图使角色尽可能地逼真，我们回顾一下这些电影，就能清楚地意识到这个问题。2004年，一部名为《极地特快》的儿童电影上映，电影里由美国演员汤姆·汉克斯配音的人物角色完全是由计算机制作而成的，电影中的角色并不是漫画形象，工作人员将角色尽可能地写实，使观众在观赏电影时会将它们当成真实的人来看待。但电影没有得到评论家们的好评，一位评论家对这个形象做出了经典评论："往好了说是令人不安，往坏了说是有点恐怖。"在当时，这部电影的计算机动画采用了最先进的技术，工作人员已经做到了最好，所以不是动画做得太差，反而是做得很好——事实上，效果有点太好了，才导致角色陷入了恐怖谷效应。

计算机动画制作的人物出现恐怖谷效应时，我们有时很难指出是哪里出了问题，图像并没有什么明显错误，皮肤的纹理和面部表情都精心复制了人类，但人类似乎极其擅长识别赝品。这一现象导致了一些有趣理论的出现，毕竟，对人类来说，这不是一件坏事。有一种观点认为，我们的大脑被连锁悖论所困扰，关于连锁悖论，我之后讲人类在群体中的奇怪举动时，会更详细地解释这个问题。但从恐怖谷效应的角度来看，我们的大脑真的在尝试辨别哪些是真正的人脸，而哪些不是吗？科学家们对恐怖谷效应做出解释：我们的大脑看到像是人类却又不是人类的东西时，就会感到困惑。因为我们非常擅长识别人脸，这是与生俱来的能力，婴儿一出生就能识别人脸，我们可以分辨出非正常的人脸。恐怖谷效应会在我们的大脑中形成一种认知失调，大脑试图把看到的东西放进一个对应的"盒子"里——那么这是真的人脸，还是假的人脸？大脑无法做出选择，这张人脸就不属于任何一个盒子，所以我们就会有一种奇怪的感觉。一张明显是卡通的脸或一张真实的照片都不会带来这个问题，因为我们的大脑能够轻而易举地决定它属于哪个盒子。

科学界还有另一种观点来试图解释为什么我们看到恐怖谷效应的动画时会感到反感。人类不仅天生就会识别面孔，而且会对可能导致疾病的事物产生内在的反感，这就是为什么腐坏的食物会让人不由自主地恶心。我们看到不好的事物，就会本能地想避免。从进化的角度来看，这是有益的，因为这样我们就可以避免那些可能导致我们生病的事物。这一观点认为，当一张脸出现恐怖谷效应时，我们会发现这张脸不对劲，从而触发身体的警报，我们会下意识地认为它是病态的或存在潜在的危害，因而会产生厌恶的情绪。

恐怖谷效应严重影响了未来科技的发展方向，我们是否能够制作出与人类完全相同的计算机动画形象，甚至是机器人，而不落入恐怖谷效应？担心这一问题的不仅仅是媒体制作人和游戏玩家，计算机动画，特别是计算机生成的三维虚拟动画，在医学等领域也有应用。完全沉浸式的虚拟现实模拟正在被用于治疗创伤后的应激障碍，帮助截瘫患者恢复肌肉控制，甚至能够帮助烧伤患者缓解疼痛，但令人担心的是，如果虚拟动画落入恐怖谷，它们就会妨碍患者而非提供帮助了。博尔顿大学的安杰拉·廷维尔博士是该领域的领军人物之一，她认为，我们可能永远无法爬出恐怖谷，那是一堵无法后退的墙。在这种情况下，我们目前唯一的解决办法就是后退一步，从恐怖谷的另一边走出来。我们可以制作明显不像人类的机器人和动画，至少它们不会令人反感。

语言如何让世界运转

是什么造就了人类?又是什么使人类与动物界的其他生物体如此不同?从基本的生物学层面上说,这个问题是没有答案的。我们和其他生物一样,都是从原子而来,原子组成分子,分子构成细胞,细胞组成生物,再通过盲目进化有序地发展。但智人在某些方面不同于且优于其他任何物种,人类的沟通能力是首屈一指的。那么你可能会想,"海豚不是可以用口哨声和'咔嗒'声来说话吗?"或者"一群蜜蜂不是可以通过复杂的扭动舞蹈和蜂王的化学信息来协同合作吗?"但是,即使我们放宽限制,算上其他能够交流的动物,目前为止,能算得上沟通艺术大师的仍然只有人类。

显然,语言能力的进化是我们人类得以传递信息的关键。关于智人究竟如何学会说话的课题，科学家们有许多不同的观点，他们可以分为两大阵营。一些科学家认为，早期的原始人类祖先是逐渐发展出了更为复杂的沟通方法的，据推测，人类先是用简单的音节和手势进行交流，并且不同的音节和手势逐渐具有了特定的含义，也变得更为复杂。后来，不同的音节变成了不同的字词，语法也产生了，得以让我们把这些单词放在更大的语境中，传达更为复杂的含义。这些基于连续性的理论是目前语言学家们最认可的理论，其中就有著名的加裔美国心理学家史蒂文·平克。而与其相对的理论来自支持间断论的科学家们，美国著名语言学家诺姆·乔姆斯基就是这一理论的拥护者。20世纪60年代以来，乔姆斯基便一直认为，婴儿和儿童身上似乎天生具有语言和语法能力，这就意味着语言能力是我们与生俱来的。这一理论认为，如果是这样的话，人类的语言能力是在一个相对较短的时间段内出现，并得到大幅提升的，而并不是在缓慢、渐进和连续的过程中出现的。无论如何，人类语言是我们得以产生文化、能够相互传达观点的核心，而这两者又推动了我们的技术发展。而如今，技术似乎在发展自己的语言。

2016年11月，硅谷谷歌的一群计算机科学家发布声明，表示他们最近安装了新的人工智能系统，用于运行谷歌的在线翻译服务，但这一系统发生了怪事。之前谷歌翻译使用的系统被称为基于示例的机器翻译（EBMT），这种旧的方法使用了大量被翻译成两种不同语言的文本,并在这些译文中标注出相近的词和短语。当算法遇到新的未知文本需要翻译时,它们会使用谷歌完善的快速搜索例程来筛选已经翻译了的文本库,以找到类似的文本块,一旦识别出文本块,它们就可以提取出匹配的翻译块,并将其组装成未知文本的完整翻译。这是一种有点粗糙的翻译方式,它不需要对被翻译语言进行任何潜在的理解,但翻译结果相当不错。

2016年9月,谷歌转变了翻译服务的思维方式。神经网络翻译系统(NMT),也就是大家所说的人工智能翻译,被开发和应用在了英语与日语、英语与韩语的互译系统上。人工智能翻译通过被输入成千上万的翻译文本来进行训练,直到能够熟练地实现英语与日语、英语与韩语的互译。至此一切都很顺利,也没有出现什么特别的创新,旧的基于示例的机器翻译系统已经可以对103种不同的语言进行翻译,但是,如果人们需要将法语翻译成德语,那么旧的系统会先将法语翻译成英语,然后再将英语翻译成德语。旧系统将英语作为通用语言,而这就是新一代的谷歌人工智能翻译的奇怪之处,一旦计算机科学家们启动人工智能翻译系统,并让其对英语与韩语或英语与日语进行互译,它们便会自动设置一个更具挑战性的任务,即跳过英语,直接将韩语翻译成日语。人工智能翻译会产出一个能够被理解的译文,虽不如旧系统翻译得好,但我们要知道,人们并没有教新的系统做这种翻译,人工智能翻译系统没有经过人工干预,自己便得出了这一结果。

对于新的人工智能翻译超越了自身程序设置这件事，谷歌的研究人员显然十分欣喜。之后研究人员发现了人工智能翻译是如何做到这一点的，至少他们认为是这样，结果更加令人惊喜。人工智能系统的问题是，一旦它们运行了一段时间，程序员就不知道程序内部的真实情况了，翻译系统进化了自己的程序，把它的创造者甩在了后面，它们确实有办法研究计算机代码，并且基于对代码的分析，决定在不同语言的互译之间建立自己的联系。人工智能翻译将类似的想法分组，归到其划分的类别中，其类别与计算机其他类别不同，研究人员将这一发现描述为计算机系统创造了自己的"中介语言"，即人工智能翻译利用其中介语言，实现了将韩语直接翻译为日语的飞跃，而不像之前的所有算法那样，受其固定编程的限制，需要以英语作为桥梁。

> 目前世界上有7 000~8 000种不同的语言。语言似乎种类繁多，但实际上，一种语言和它的方言之间的区别并不太大，且世界上95%的人所说的380种语言，只约占全部语言的5%。

这一声明发布后，一些评论员大张旗鼓地报道说，谷歌算法已经创建了自己的新语言，一种只有算法自身才能使用的私人语言。另一些人则不那么肯定，并质疑人工智能翻译所做的与其说是语言创造，还不如说是对语义进行分组。有趣的是，人工智能翻译的中介语言本身是一个语义论元，但没有表现出许多语言的特征，如语法、句法等。举例来说，就是这个中介语言执行了与语言相同的功能，但执行者——人工智能翻译对我们来说有些陌生，在某种程度上，中介语言对语言的作用要比我们想象得更为重要。我们在脑海中出现一个概念，便会将它与一个单词联系起来，如果我们足够幸运，能够熟练掌握至少两门语言，那么类似的情况一定也发生在我们的大脑中。

谷歌翻译的中介语言并不是唯一的电脑语言混乱的例子，另一家科技巨头也在关注这个问题，与脸书合作的计算机科学研究人员一直在寻求开发一种人工智能，通过基本的文本训练，使其能够人性化地与人类用户互动和"交谈"。要做到这一点，有一个简便的方法，即创造两个人工智能，让它们相互交谈，从而让它们在交互中以人类无法匹敌的速度进行学习。但与任何计算机程序一样，我们必须非常小心地确定我们想要的最终结果。在尝试了几次之后，程序员们意识到，由于他们没能规定一项非常重要的标准，从而导致了人工智能"交谈"的失败。建立的两个系统分别名为爱丽丝和鲍勃，它们的任务是就谁能够拥有帽子、书籍和球等虚拟物品，来进行彼此之间的协商。爱丽丝和鲍勃各自有自己的议题，并针对不同的物品设置了不同的价值取向，两个系统在一开始能够用英语愉快地相互"交谈"、交换物品，但程序员们并没有规定它们要坚持使用英语，没过多久，人工智能就制造出了看起来完全是胡言乱语的东西，而它们关于谁拥有虚拟球的典型交流则如下：

爱丽丝：球对我对我对我对我对我对我来说什么都不是。
鲍勃：你我我我我其他一切。
爱丽丝：球对我对我对我对我有球。
鲍勃：我可以我我其他一切。

尽管计算机喋喋不休地胡说八道，但它们通过这些令人困惑的谈判，成功地分配了帽子、书籍和球。由于程序员没限制爱丽丝和鲍勃使用英语，它们便自己开发了简写的方式来进行交流，在上面的例子中，我们认为重复的'对我对我对我'和'我我我'表示的是爱丽丝和鲍勃互相提供的物品的数量。我们之所以会这样认为，是因为这与我们还不能完全确定的谷歌中介语言一样，只有爱丽丝和鲍勃会用这种特殊的语言表达，而且没有翻译规则，虽然不像谷歌的人工智能翻译在其作用域内那样复杂，但爱丽丝和鲍勃在被关闭前，一直在创造自己的语言。创造出两个系统交流的语言不是脸书研究的目的，其目的是创建一个运用人类的语言与人类互动的系统。因此，这个实验被停止了，爱丽丝和鲍勃的电源被切断,这种新生的语言也消失了。

　　沟通能力对人类至关重要,它使人们得以传播思想、文化和技术,而这又让我们不断地取得惊人的成功。随着计算机的出现以及全球计算机网络的出现,我们已经能够更快地与更多的人进行交流。我不确定这是好还是坏。如果我们能赋予计算机同样的能力,它可能会为我们打开社会、文化和技术发展的新前景,但是,如果我们不能理解计算机使用的语言,心里怎能踏实呢?正如微软创始人比尔·盖茨、物理学家史蒂芬·霍金等有影响力的人士所表达的那样,人工智能的发展存在风险。2014年,霍金对这种恐惧进行了总结,他说:"发展人工智能将是人类历史上最重大的事件。但不幸的是,这也可能是人类历史上最后一次大事件。"如果要沿着这条路走下去,我们需要让计算机使用人类能理解的语言。

性本恶？

2017年，一项美国的研究对4 248名成年人进行调查，发现其中有41%的人曾遭受过网络骚扰。如果我们进一步调查网络骚扰，就会发现其中一半属于严重恐吓：暴力威胁、跟踪和性骚扰。我们把这一数据放到现实中，就意味着每五个人中就有一个人遭受过轻微的网络暴力，一个人遭受过更为严重的网络暴力。但现实情况并不是这么简单，倘若这五个人都是白人男性，那么他们可能都没有遭受过网络暴力，但倘若这五个人是黑人或亚裔女性，那么他们很有可能都曾遭受过网络暴力。网络暴力占比之高，我们可能并不会感到意外，点开优兔（YouTube）之类的网站，仔细研究视频详情下面的内容，看一看评论，我们很快就会发现，有很多极其讨厌的人会在网上污言秽语。但是在现实世界中，我们却不常会遇到这样恶劣的反社会行为，绝大多数人对彼此都很友好，尽管人们之间可能会有分歧，但他们并不会说出恶毒的话、做出可憎的事。那么，为什么我们在网上对待彼此的态度却如此可怕呢？科学家们早就发现了这一现象，这被称为"网络去抑制效应"。心理学家们能够分析出这一现象的因果关系，但本质上说，我们在上网时便不太需要与他人合作、对他人友好了。几千年的进化让我们拥有保持文明的抑制效应，但如今被网络消磨殆尽，使我们开始对同伴恶语相向。

> "网喷"（troll）是那些喜欢在网络上发表恶劣言论的人的通称，这一称呼源于20世纪90年代初前互联网时代一个叫作"网络新闻组"（Usenet）的公告牌。人们习惯在那里"钓新人"（trolling for newbs），普通用户在公告板上发布一个挑衅的问题，让网友们反复讨论，并以此来识别网络新手。

人类似乎具有与他人合作、共事的潜在特征，你也许会认为这个想法过于乐观。美国耶鲁大学人类合作实验室的研究人员设计了一系列实验来测试了这一想法。参与者在网上被分成四人一组，每人都能够得到一些钱，假如他们每个人都得到1美元，他们要选择是把钱捐给中央池，还是留给自己。由于这是网络游戏，选择都是匿名的，只有参与者知道自己的选择，每次选择之后，游戏管理员会慷慨地把中央池里的钱翻倍，然后平分给四位玩家。实验的规则是，如果没有人把钱放在中央池里，那么四个人就都输了，一分钱也得不到。如果每个人都贡献出自己的1美元，中央池中就有4美元，翻倍为8美元，每个玩家可以得到2美元，虽然所有人都贡献了自己的1美元，但同时也都赢得了2美元。但如果只有一个人往池子里放了1美元，而其他参与者留有私心，保留着自己的钱，那么只有池子里的1美元会翻倍，成为2美元，每个参与者得到0.5美元。假如只有一个人把钱放进池子里，那么他最终只有0.5美元，而其他人则有1.5美元；假如两个人把钱放进池子里，那么他们每人最终得到1美元，而剩下的两个人则每人得到2美元；假如只有一个人留有私心，那么把钱放进池子里的三个人则每人得到1.5美元，而剩下的那个人得到2.5美元。这个游戏是一种四人囚徒困境，如果你想赚最多的钱，最优的选择是成为团队中唯一自私的人，其次则是完全合作。这个游戏有趣的一点是，玩家做出选择前思考时间的长短会对结果产生影响，当耶鲁大学的科学家给予玩家足够的时间来思考决定时，他们不合作的可能性更大，但当他们被要求在几秒钟内决定时，他们则通常会选择合作。在全球多样文化的背景下，各种不同的实验都证明了人类的本能反应是友好合作。

考虑到人类进化与发展的历史，人类具有这一本能是非常合理的。智人是从一个小群体进化而来的，如果要在恶劣的环境中生存下去，共同合作是关键。与其各干各的，收益甚微，不如人与人之间互相帮助，实现收益最大化。进化使得人类在依靠直觉进行选择时，本质上会对彼此慷慨，这一观点得到了人们的认可。

人类具有友好的本能，这样看来，人们在互联网上恶语相向就更加奇怪了。某些事物正在消磨我们想与他人合作、共事的本能。我们不难发现，是互联网的匿名性使网络暴力得以发生，但还有其他原因。一群以色列科学家将志愿者分成两人一组，测试他们在面对一个棘手的道德问题时，如何通过聊天信息系统进行互动。志愿者被分为四类：第一类志愿者只通过文字聊天系统进行交流；第二类志愿者则透露了自己的名字，但仅此而已；第三类志愿者可以通过网络摄像头看到彼此；最后一类的网络摄像头则更加靠近志愿者，他们能通过摄像头进行眼神交流。结果证明，在讨论中，彼此之间有眼神接触能最大限度地让人保持礼貌。实名不足以防止人们在网上做出不文明的行为，韩国通过的法案便能证明这一点。2007年，韩国通过了一项旨在防止匿名使用社交媒体平台的法律，人们不再匿名，也能知道某个在线用户到底是谁。尽管如此，这也只减少了不到1%的网络暴力，鉴于对减少网络暴力的收益甚小，并且增加的大量数据对网站造成了沉重的负担，这一法律随后被废除。

科技公司和政府正试图遏制网络暴力，而一系列的科学新发现则带来了一个问题，即如果我们人类进化到只有看到彼此才能互相合作，而网络系统的特色就是让人们看不到彼此，那么要如何才能使网络环境变得文明呢？

我们也许能在网络文化的另一个方面找到答案，即网络创造共享价值观群体的能力。考虑到互联网广泛的覆盖面和人们能够以闪电般的速度搜索到信息，那些有特定兴趣或价值观的人很有可能会找到与自己有共同爱好的网友。这让人喜忧参半，因为网络上既有那些由父母组成的互助小组来帮助他们患有可怕的罕见疾病的孩子，也有极端的团体意图对现实世界造成实质的伤害。互联网使这些团体得以形成，毕竟在互联网上发现志同道合的人并不算难。一群人面对面聊天，我们会通过共同的行为、衣着、表情、笑话和举止等形成联系，但在网上，我们只有文字，因此，打出来的文字必须产生某些作用，其通常的作用是将团体紧密团结起来。在某些情况下，网络暴力不是针对特定的目标，更多的是人们在传达某些信号，来表明自己是某个特定群体的一员，如果再加上网上那些更有可能被转发的引起共鸣或表达愤怒的帖子，我们就建立了一个恶劣行为的积极反馈循环。为了让自己看起来是团体的一员，并得到同伴们的认可，我们最好写一些可能让人转发的东西，比如令人愤怒和不快的言辞。如果发表一些没有争议的安抚性言论或者平淡无味的话，我们则会一无所获。在网络上发表恶劣的言语是一种让人认可我们是"俱乐部"一员的方式，而成了团体的一员则会让人们变得友善起来。

如果说，部分网络暴力与可感知的网络群体内部的社会动态有关，那么鉴于其匿名性质，从网络群体内部鼓励群体成员减少对他人的网络暴力，这种可能性也是存在的。凯文·芒格在纽约大学攻读博士学位时，着手编码了一系列自动发布推特的机器人。首先，他找到经常发布侮辱性种族主义评论的人，作为这些推特机器人锁定的目标。然后，他为这些推特机器人设置了虚假的追随者，这给了推特机器人一种权威性，这样机器人就会在目标群体的眼中显得地位更高。之后，他就等待着目标发一些辱骂性的推文，这时机器人就会跳出来，用一种温和的指责回应，就像是一个真实可信的人一样。虽然一开始这导致目标针对机器人进行了一系列的辱骂，但由于他们认为自己是在被推特上地位更高的人警告，在此后相当长的一段时间里，这些目标在推特上的言辞有所缓和。

对一些人来说，互联网已经变成了网络暴力的毒沼，尤其是社交媒体。不管出于什么原因，如果你被一群活跃的网络施暴者盯上，那么你可能就会受到铺天盖地的恶毒辱骂。看起来，互联网让我们避开了进化的要求——人类应该善待彼此，随着安全闸的拆除，我们中的一些人开始表现得暴力起来。接下来，我们要解决的是如何让网络行为回归到人们面对面交流的程度中，让互联网及社交媒体成为能让所有人感到快乐的地方。

网络成瘾症

伊万·戈德堡医生是一位在美国纽约生活和工作的精神病学家。1986年,他决定利用新兴的互联网建立一个名为"PsyCom.net"的公告板,这样他和他的精神病学同事就可以舒舒服服地坐在自己办公室的电脑前讨论他们感兴趣的问题。这一在线社区取得了成功,并发展壮大。社区里经常讨论的一个话题是关于美国精神病学协会组织编写的《精神疾病诊断与统计手册》。这本巨著为美国精神病学专业建立了一系列基准,以帮助职业医生来衡量患者的行为。1995年,戈德堡依据这本美国精神病学医生人手一本的手册,模仿上面枯燥的文章发布了一篇简短的恶搞文章,文章是关于一种完全虚构的紊乱症。他捏造其为"网络成瘾症"(IAD)。但惊悚的是,一些同事并没有笑话他的帖子,反而回复说担心自己可能也患有IAD，戈德堡还收到了求助的电子邮件，并且很快就有数百名自我诊断的网瘾者在公告板上发帖倾诉他们的问题。这些人的出现证明戈德堡虚构的紊乱症是真实存在的。

但网瘾真的存在吗？在戈德堡发明"网瘾"的30多年来，人们对于网瘾是否存在的共识来回摇摆。尽管如此，目前越来越多的证据表明，网瘾是真实存在的，的确是一种瘾。行为上瘾涵盖的内容越来越广，包括赌博成瘾、色情成瘾和网络游戏成瘾等。而如今，网瘾也成了其中的一员。

韩国是世界上互联网普及率最高的国家之一：超过80%的韩国人拥有智能手机；92%的人口定期使用互联网；韩国拥有世界上最快的平均网速；韩国是第一个推出超高速5G移动网络的国家。在韩国，互联网无处不在，向所有人开放，网速快到我们许多人都想象不到。然而，强大的互联网技术并非没有缺点，戒除网瘾的创举大多来自韩国。

> 联合国每年都会发表以信息和通信技术发展指数为核心内容的年度报告，报告根据三个标准对各个国家进行评级：互联网接入分指数、使用分指数和技能分指数。多年来，韩国一直是排名最高的国家，但在2017年的报告中，韩国落后新排名第一的冰岛1.5%。

2013年进行的一项调查发现,在5～55岁的韩国人中,有7%的人患有网瘾症。韩国总人口超过5 000万,这就意味着韩国可能有350万网瘾者。如果缩小网瘾者的年龄范围,我们得到的数据就更让人担忧了,青少年有网瘾的概率最高,八个里面就有一个患有网瘾症。因此,韩国人正努力研究,以了解网瘾的来龙去脉。

人们过去认为,上瘾是因为患者滥用了某种会改变心智的物品,如可卡因、海洛因或酒精。患者对里面的成分产生了依赖,而人脑中的化学结构则出现了长期的变化,不仅降低了这些物品对人体的影响,而且使得患者很难戒掉它们,因为戒断症状让人十分痛苦,甚至还会造成危险。科学家们花了很多年的时间才真正理解了上瘾的原理。20世纪90年代,美国密歇根大学的肯特·贝里奇便进行了关于成瘾的早期实验,但在很久之后,科学界才对这个实验予以重视。实验中,贝里奇给老鼠们喂了糖浆,他注意到,在他喂糖浆时,老鼠会高兴地舔嘴唇,然后不断地来要更多的糖浆。我们已经知道,快乐的感觉是由于大脑释放了多巴胺。贝里奇通过手术把老鼠大脑中产生多巴胺的部位进行了摘除,在此之后,老鼠便不再想要糖浆了。可它们在得到糖浆时,仍然会愉快地舔着嘴唇,老鼠仍然喜欢糖浆,却不再对糖浆产生渴望。在成瘾的科学领域,这是一个关键的发现,它推翻了人们长久以来的想法——成瘾者喜欢让他们上瘾的东西,并渴望得到。虽然通常来说，人们的喜欢与渴望是相互交织的，但这两种情绪也可以分开。即使一个吸毒者早已不再喜欢和享受吸毒这一行为或者吸毒带来的结果，但他依然会渴望毒品。同理，网瘾者可能不再享受上网的时光，但他们依然会继续上网，因为一种更强大的欲望正驱使他们继续上网。多巴胺的释放导致我们在得到想要的东西时会高兴愉快，但其实它也会更多地导致我们产生欲望。假设某种行为能让你大脑中的多巴胺飙升，无论是什么原因，也无论这是什么行为或什么药物，它都有可能导致上瘾行为。

研究人员仔细研究了人们在互联网上做的事情，其中某些特定的行为会让人们的多巴胺飙升，进而让人上瘾。研究人员基于这些信息发现了这些成瘾行为背后的原因，这一原因至少适用于电脑和网络游戏方面。以越南设计师阮哈东设计的手机游戏《像素鸟》为例，根据游戏开发者的说法，他花了好几天的时间来制作这款游戏，其目的是在人们放松的时候用作消遣。这款游戏于2013年5月在安卓和苹果设备上免费发布，但游戏中包含了广告，从理论上说，如果游戏流行起来，那么设计师就会赚到钱。在上市之初，这款游戏并没有被注意到，阮哈东也没有赚到钱，但在2014年1月初，这款游戏的下载量迅速飙升，在安卓和苹果两个手机平台上都位列第一。据阮哈东说，最受欢迎的时候，这款游戏每天能给他带来5万美元的收入。但就在这款游戏获得成功的几周后，阮哈东宣布他将下架这款游戏，这时他已经意识到他那小小的消遣游戏是一个能够让人上瘾的怪物。这个游戏非常简单：你用手控制一只扑打着翅膀的小鸟在屏幕上从左向右移动，当你点击手机屏幕时，小鸟就会向上移动，但紧接着就会往下落，你需要不停地敲打，让鸟不停地扑打翅膀，它才能留在空中。操作的目的是让小鸟避开屏幕中从底部向上和从顶部向下突出的特殊绿色管道，并能够在两者间隙中穿过继续向前飞行。规则是这样：小鸟每通过一个间隙就得一分，而要避开的管子也会源源不断地增加，游戏挑战的是玩家最高能拿多少分。从表面上看，这个游戏真的很难，也不太吸引人，但实际并非如此，它的确大受欢迎。我出于研究的目的，替大家试玩了一个小时，这样大家就不必再去尝试了。尽管我在游戏中表现很差，我的"像素鸟"几乎立刻就撞上了管道，但我还是不断地再来一盘，想再试一次。这款游戏之所以成功，是因为它抓住了行为成瘾研究认为的至关重要的几个因素。首先，它提供了一些看起来总是遥不可及的简单目标，我们操控扑打翅膀的小鸟通过每一个间隙，所有的间隙都是同样的难度，问题是我们能通过多少次。其次，我们继续玩下去就会看到分数进步，而我们也会玩得更好，我们玩得越多，就会越熟练，分数就会越高，成就感也就越强。最后，这个游戏还有排名反馈，这对行为上瘾的形成至关重要。1971年，美国佐治亚州埃默里大学的迈克尔·泽勒发表了一些关于鸽子啄食的研究成果，自此我们便知道，反馈具有颠覆性的本质。

这是一个简单的实验，只用了三只白鸽，泽勒在鸽笼里安装了一个自动喂食系统，该系统与一个按钮相连，当鸽子啄按钮时，它们就会得到美味的鸽子丸饲料作为奖励，鸽子会时不时地跑来啄按钮，然后得到一粒鸽子丸。之后，泽勒在实验中加入了一个随机元素调整喂食频率，结果发现，如果鸽子平均啄10次才能得到食物，那么它们就会放弃尝试，忽略按钮；但是如果鸽子啄10次有7次得到食物，那么它们就会变得对啄按钮非常着迷，并且会花两倍的时间来啄按钮、吃东西。泽勒仅仅通过随机改变的失败概率，就让鸽子产生了一种行为成瘾，而这被称为反馈。随机的事物让我们几乎每次都能接近我们的目标，并被激发出赌博的欲望。在大脑生物化学的层面上，以鸽子为例，当它们每次都能得到美味鸽子丸的奖励时，它们大脑产生的多巴胺就会变少，但如果喂食系统存在着一点不确定性，大脑就会产生较多的多巴胺。《像素鸟》游戏运用的就是这一原理，游戏向我们提出了一些随机的挑战，我们操控的小鸟要穿过无数的间隙。有时间隙会上下对称，我们要做的就是让小鸟在一条直线上飞行，这很简单，但之后我们就会遇到一个在屏幕底部的间隙，紧接着一个在屏幕顶部的间隙。现在我们要想成功，就要疯狂地点击屏幕，让小鸟从底部飞到顶部，但我们总会失败，就得从头再来。这时，就是游戏在玩我们，就像泽勒玩鸽子一样，在偶尔的失败之后，给予玩家一系列的奖励。阮哈东没有想把《像素鸟》设计得如此让人上瘾，也没有想过如何利用这些行为上瘾的驱动因素，他只是创造了一款游戏，而他作为游戏设计师和人类的经验告诉他，这款游戏将会受欢迎。他偶然地运用了这些驱动因素，最终使他的游戏获得了巨大的成功。

在互联网中，许多互动与《像素鸟》一样，为我们提供了目标、反馈和进步。除此之外，一些其他的因素也会造成人们上瘾，尤其会对社交媒体上瘾。以现在社交媒体平台上随处可见的"竖起大拇指"的手势为例，脸书在2009年2月推出了"点赞"按钮，从那时起，它就一直处在网站的核心位置，脸书轻描淡写地将其描述为"不用留言就能让人们知道你喜欢某个推送"，这似乎在说点击"点赞"按钮是一件很简单的事情。但"点赞"按钮就是社交媒体的"可卡因"，与《像素鸟》同理，它触及了行为上瘾的几个驱动因素，但与阮哈东的游戏不同的是，它还通过社交互动来加强了上瘾的效果。脸书当时对这一情况并不知情，但如今肯定知道了。脸书的首席执行官和创始人马克·扎克伯格承认，他们需要对此研究出解决的方法，让"点赞"按钮和其他类似的设置成为"一种向好的力量，而不是向坏的力量"。

在韩国，人们正在努力解决日益严重的网络成瘾问题。2017年，一项研究对一小群青少年进行了调查，发现其中一半的青少年患有网瘾，研究人员运用了一种叫作磁共振波谱的技术，这种技术不仅能让他们看到被试者的大脑，还能测量出被试者脑中化学递质的数量。韩国首尔高丽大学的邢淑绪教授的报告表明，在上网成瘾的孩子的大脑中，伽马氨基丁酸（GABA）含量较高，而谷氨酰胺含量较低。这两种化学物质都被称为神经递质，它们在脑细胞之间传递信号，但这两者的作用相反，伽马氨基丁酸的作用是降低神经传导水平，而谷氨酰胺则是增加神经传导水平。如果大脑有着高含量的伽马氨基丁酸和低含量的谷氨酰胺，最终会导致大脑传导信号的速度减缓，表现为焦虑、抑郁和嗜睡的症状。到底是网瘾导致了大脑的变化，还是大脑的变化使人们产生网瘾，科学家们当时无法得出定论，但好的一面是，在接受了戒除游戏成瘾的认知行为疗法后，这些网瘾患者之前增加的伽马氨基丁酸和耗尽的谷氨酰胺都恢复了正常水平。

针对网瘾，还有其他的治疗方法，其中最有名的是康复营，这些康复营参照戒毒康复的方案来戒除网瘾。在韩国，康复营将年轻的网瘾者从家中带走，与家属分开，让他们接触不到网络。除了心理咨询之外，康复营还试图引导他们去做别的事，来填充上网时间——这些网瘾者有的能够一天上网20个小时。康复营项目得以开展最本质的原因是，韩国民众意识到了网瘾这一问题，且韩国政府已经安排了大量心理咨询师开展了大量的项目来试图戒掉人们的网瘾，甚至还颁布了所谓的"关闭法"，用法案的形式禁止16岁以下的未成年人在午夜12点到早上6点之间玩网络游戏。在应对网瘾方面，亚洲处于领先地位，亚洲国家不仅积极资助相关研究，为网瘾者提供治疗，而且充分意识到网瘾是真实存在的。

如今，我们已经熟知网络活动为何能让人上瘾，但是得知原理并不能让那些公司和个人停止创造令人上瘾的网络内容——事实恰恰相反。"痴迷的工程师们"会积极地寻求方法来利用让人上瘾的驱动因素，让他们的游戏和网站变得不可抗拒，大受欢迎，因此获利。作为社会的一分子，我们需要思考如何应对这一新知识，以及如何运用这一知识。在现代社会中，人们无法离开互联网，因此对那些沉迷于网络的人来说，突然戒断并完全远离网络是不现实的，我们如果能够更好地理解行为成瘾的生物学特性，便能更好地治疗网瘾。也有许多人认为，是时候管控上网成瘾的诱因了，但管控则可能意味着限制互联网自由。

人类的怪癖

本体感觉

请你在镜子前做一个小测试：把一只胳膊伸到前面，然后伸出食指，摸自己的鼻子。你在摸鼻子时弯曲了手臂，所以手指完全可以摸到鼻子。现在，闭上眼睛，重复触摸鼻子的动作、你依然可以做到这个动作，手指再次摸到了鼻子。现在进行最后的测试，你闭上眼睛，重复触摸鼻子的动作，但这次手指要停在离鼻尖几厘米远的地方。当你睁开眼睛时，手指应该是悬停在鼻尖前面的。我们再找其他人试一下，看看他们在睁开眼睛或闭上眼睛时，手指在不接触鼻尖的情况下能靠得鼻尖多近。我的猜测是，你和你的朋友都是指鼻的专家，不管眼睛睁开与否，你们都可以完全准确地将一根手指放在鼻尖前面。

我们仔细想一想刚才的测试，这似乎很不寻常，因为我们通常假设，人是通过眼睛来感知周围的世界的，根据眼睛获得的信息来定位自己的身体，并通过眼睛得到进一步的反馈。虽然我们的视觉的确能为我们提供线索，让我们得以在三维空间中确定自己的位置，但人类的感知系统中还有一套完整的信息输入机制。你我都有一种非凡的能力——随时知道我们身体的各个部位相对于其他部位的位置，这种感觉被称为本体感觉，是五种感觉之外最重要的感觉。我们可以把本体感觉看作一种内部感觉，而非外部感觉。传统的五种感觉——视觉、听觉、味觉、嗅觉和触觉——都是外部感觉，因为它们都将外界环境的信息传递给大脑。本体感觉是内在的感觉，它让我们了解人体内在的状态。

总的来说，本体感觉让我们对自己四肢的相对位置、头部的角度以及躯干的扭转弯曲有一个完整的了解，大脑从大量的输入信息中组装出复杂的三维图像。如果我们能感知到我们的四肢，那么就说明这些信息被整合了起来。我们耳朵内还有一个充满液体的系统，该系统会提供信息，帮助我们确定在重力的作用下，自己的头部在地球表面的相对位置。但这不是必需的，即使我们处在太空的失重状态，闭上眼睛，仍然可以完成触摸鼻子的本体感觉测试。只是这时，人体会用一连串带有特殊检测系统的神经来替代之前的系统以组装图像。

本体感觉中，起最重要作用的是肌梭，人体的每块肌肉中都含有肌梭，大多数含有几束，其作用是负责提供本体感觉的信息。肌肉由单个的肌纤维组合而成，这些肌纤维聚集在一起，形成一个坚硬的肌腹，肌腹可以收缩并施加力量，肌肉通常是附在连接它们的骨骼上。在这些纤维的保护层中，有一些小的肌纤维束，它们拥有自己的保护层，而这些小束就是肌梭。从脊柱延伸出来的长神经的末端蜿蜒进入肌肉，缠绕在肌梭内的单个肌纤维上，当肌肉收缩或拉伸时，神经末梢本身也被拉伸或挤压，神经便会向大脑报告这个结果，提供本体感受数据，如肌肉的长度以及肌肉变化的速度。

其他的神经也以类似的方式提供信息，这些信息来自嵌在关节中的特殊机械刺激感受器，以及在连接肌肉和骨骼的肌腱组织中发现的高尔基肌腱器官。这些神经传递的信息是关于人体关节的角度、肌肉的长度和肌腱的张力，将它们整合起来便能让大脑准确定位四肢。当下的理论认为，从我们出生，甚至可能更早开始，我们的大脑就在构建一幅图像，用于计划神经信号如何与身体的各个部位相对应。我们身体的内部地图似乎从出生起就存在，至少是部分存在，婴儿对四肢和动作的运动控制会不断发展，其内部地图也会随之迅速扩展。对成年人来说，我们通常会认为本体感觉是理所当然的东西，但倘若遭遇不幸，我们就会失去某些部位的本体感觉。例如，一些病理情况会导致我们丧失位置感，如某些遗传疾病，甚至过量服用维生素B_6。另外，任何突然的体形变化也会导致我们的内部地图与现实脱节，大多数人在生活中都对此有过体验，青少年的生长高峰通常发生在14岁左右，男孩的平均身高每年增长约10厘米，女孩则稍慢，每年增长9厘米。对许多经历过这种身材比例快速变化的人来说，长高会伴随着一段时间内的行为笨拙，这是由于青少年的身体与其内部的本体感觉地图不匹配，随着时间的推移，身体会重新学习并调整自身的内部地图，也就不再笨拙了。

接下来，我会举几个关于本体感觉对我们的生活产生影响的例子。我记得在学校里，我的朋友练习过医学中经典的膝跳反射，膝跳反射就是一个本体感觉系统被错误输入数据的例子。膝跳反射测试用来检查我们无法控制的神经系统。通常，病人需要坐下，让小腿能够自由晃动，然后医生会用一把特殊的橡胶锤轻叩病人膝盖骨的下方。我们也可以自己来做这个测试，把一条腿搭在另一条腿上，并找一个合适的工具或帮手来轻叩我们的膝盖骨下方，敲击的作用是拉伸我们膝盖下面的肌腱，肌腱向上经过膝盖将这种微弱的拉伸传递到大腿上方的股二头肌，股二头肌微弱的拉伸反过来拉长了肌肉内的肌梭，结果导致我们的身体认为小腿和脚在向后移动，这是因为只有人体在后退时，股二头肌才会伸展。但我们的身体并不想后退，便会通过肌肉收缩，试图把腿恢复到正确的位置，而肌肉收缩会让我们把腿踢起来。通过发送一个虚假的信号到本体感觉系统，我们便可以引起一个异常的动作。

关于本体感觉，另一个较为普及的例子是醉酒测试。在可靠的酒精测试器出现之前，警察会使用经典的醉酒测试来判断受试人的醉酒程度，被怀疑醉酒的人首先要沿着地面上的一条直线走，然后再触摸自己的鼻子。这两项任务都依赖于本体感觉，毕竟我们很少会注意到，走路是一种复杂的脚与腿协调的活动，尤其是走路的时候，我们甚至都看不到腿的后面以及脚的部分。触摸鼻子是我们在本文开始的时候就尝试过的运动，这也完全取决于本体感觉。酒精会削弱我们的本体感觉，因此简单的指鼻和行走测试虽然粗糙，却能够有效地测量醉酒程度。

人们甚至能够通过训练对外界事物产生本体感觉，这大概是其最引人注意的特点之一了。这是肌肉记忆概念的延伸，通过一遍又一遍地练习一个身体动作，我们便能够让这个动作成为本能，从而释放我们的大脑来处理其他活动。演奏乐器便是一个典型的例子，熟练的音乐家并不需要单独考虑他们的手指该怎么弹，发达的肌肉记忆帮助他们专注于演奏音乐，而不是花心思在按键或拨弦之类的物理行为上。这显然是一个与本体感觉密切相关的过程，只是在某些情况下本体感觉被扩展了。例如，一个熟练的小提琴手，不用看就能准确地知道小提琴的琴弓在乐器上的位置，而且在演奏的时候，他们也能够一直看着乐谱，而不用看小提琴。在科学界，这被称为延伸的生理本体感受，它不仅有助于解释为什么患者会出现幻肢综合征，还有助于解释某些艺术活动。

> 自动扶梯的故障就是一个会引起本体感觉出错的例子。当我们踏上静止的自动扶梯时，经验告诉我们要预料到动量和速度会突然变化，为了抵消这一变化，大脑会做出预期。但是，如果因电梯故障而无法从身体中接收到对应的本体感受反应，就会导致我们出现一种不平衡的特殊感觉，有时还会觉得恶心。

例如，盲画轮廓，这是一种让学生不看纸就画出他们所看到的东西的手法。其理念是一旦提笔作画，我们就不要放下笔，然后仔细观察要画的对象，并想象铅笔是自己扩展的手，之后画笔跟着眼睛运动，慢慢画出物体的轮廓。至少在理论上是这样的。但在实践中，第一次尝试的结果将会是一团糟，第二次、第三次和第四次也会是同样的结果，而最终我们将开始掌握它的窍门，我们的本体感觉地图将被扩展。经过练习以后，我们拿出一支铅笔，会自己用眼睛观察焦点，让铅笔反映出双眼的运动。

我希望我能够做到盲画轮廓，不用看画纸就能创作出美妙的画面。但假如要举一个例子来证明本体感觉十分强大，我想，指鼻测试被成功掌握和执行要容易得多。

细菌"构成"人类

在过去十年左右的时间里,一种新的想法逐渐成了主流,并在很大程度上改变了我们对人类生物学的理解。在此之前,人们认为,人体是由许多大的器官组成的,器官之间的相互作用保证人体的正常运转。当然,身体的运作会受到外界的影响,但通常是负面影响,当我们的精神健康、运动能力或食欲受到刺激的影响时,所有的控制因素都在人体内,与我们的器官有关。但现在看来,显然我们的体内还有另一种控制来源,严格来说,并不属于人体——生活在人体内的细菌。

人体由大约37万亿个细胞组成,这个数字大到不可思议。在很长一段时间里,我们都认为人体有着至少相同数量的细菌,人体的细菌主要寄生在肠道内,也会遍布在皮肤上。我们过去经常看到人体内有着100万亿个细菌的说法，但最近这个数字已经下降到了40万亿，说明人体内的细菌比细胞的数量大约多10%。所以，从严格意义上来说，如果我们考虑细胞的数量，那么与其说我们是智人，不如说是细菌集合体。这些细菌一直存在于我们的体内，质量约为2千克，大概是体重的2%。如果我们把这些细菌视为身体内的工作器官，那么它们便是人体最重的器官。而在二三十年前，科学界认为，细菌没有任何作用，却在人体内搭顺风车，尽情享用食物，这样的物质又怎么会被认为是器官呢？但后来的研究逐渐发现了细菌的作用。我们体内的肠道菌群通过释放激素，在保持人体健康和调节情绪方面起着至关重要的作用，这如今已是众所周知的事了。

　　这项研究最初是观察体内没有细菌的老鼠和体内细菌正常的老鼠之间的行为差异。创造一只无菌的老鼠是一项了不起的成就，仅仅把刚出生的老鼠转移到一个十分干净的环境中是不够的，因为任何新生生物都会在出生过程中接触到细菌。创造无菌小鼠是一项艰巨的任务，研究人员需要使用抗生素，并重复几代来缓慢而有效地消除老鼠体内的所有细菌，而这些老鼠必须饲养在消毒过的无菌环境中。这样培育的老鼠一般都不是很健康，它们有着饮食问题，这也许不足为奇，但它们也不善于交际。研究人员对此进行了调查，发现这些老鼠的大脑没有正常发育，缺失的细菌影响了老鼠们的基本发育。

自此以后，科学界出现了许多类似的研究，展现了无菌对老鼠的各种影响。这些研究需要在严格控制的实验室中，对无菌的动物进行观察，如果研究的对象从动物变成了人，则要困难得多。我们不能照着研究老鼠的方法创造出无菌的人类，所以我们不得不像大多数医学研究那样使用双盲对照试验。为了证明治疗的有效性，公认的程序是召集一大群志愿者，研究人员会在感兴趣的人中，选择符合研究要求的志愿者。然后一部分志愿者会接受治疗或某些测试，而剩下的志愿者则服用安慰剂或接受假治疗。之所以叫作双盲对照试验，是因为试验需要经过安排，让患者和研究人员都不知道哪些人得到了真正的治疗，哪些人得到了安慰剂或假治疗，这样一来，研究人员的分析就不会受到自身无意识偏见的影响，而患者在报告自身的体验时也不会出现偏见。另外，这种试验需要足够大的样本，以保证数据在统计上是有效的，在少数人身上做试验是没有用的，因为这样得到的结果可能只是一个巧合。如果药效过小或过于模糊，那么试验则可能需要成百上千的测试对象。因此，虽然双盲试验是检验人类生物学假说的黄金标准，但这的确是一项艰苦的工作，且费用高昂，这就是为什么会有这么多小规模研究。

例如，爱尔兰科克大学的泰德·迪南和约翰·克瑞安教授进行过的一项研究。此前，这两位专业人士曾让无菌老鼠处于压力下，分析它们在没有健康的肠道菌群时如何应对压力。然而，当他们把试验对象换成人类时,则需要控制其中的一些变量,他们决定将叫作鼠李糖乳杆菌的肠道细菌作为唯一的变量,这种细菌曾帮助压力大的老鼠放松。初步结果显示,这种细菌对人体没有影响,这说明并非所有试验都能在不同的物种之间进行。之后,他们尝试了另一种细菌,叫作长双歧杆菌1714,这种细菌似乎起了作用。这个试验只有22个人参与,其中一半人每天服用含有该细菌的药片,而他们的应激激素水平和焦虑程度都比另一半服用安慰剂的人要低。虽然样本数量很小,但足以让这种细菌作为一种名为必米诺(Bimuno)的益生菌膳食补充剂推向市场,如今已经有很多品牌推出了这种益生菌的膳食补充剂。为了弄清这种细菌治疗的有效性,英国广播公司(BBC)委托研究人员对必米诺治疗失眠症的效果展开进一步的试验,并播出了该项研究。试验是由产品的制造商资助的,得出了积极的结果,使得产品销量大幅飙升,这让他们极为高兴。但讽刺的是,关于这项在电视机上播出的试验,其规模甚至更小,只有一个参与者,显然我们需要一个规模更大的试验,但由于制造商已经获得了产品的市场,因此他们就没有必要也没有动机来资助一项更大规模的研究了。

接下来,我还要讲一个关于劳伦·彼得森的故事,她在美国康涅狄格州工作,彼得森通过粪便移植显著地改变了自己的运动能力。科学家们对这些生存在人体体内的细菌进行了各种研究,得出的结论之一是细菌的改变会对人体产生作用,比方说,可以治疗失眠。关于改变人体内的细菌，有一个极端的做法——不仅让患者服用含有细菌的药片，还将新的培养菌植入患者的肠道。但关于植入培养菌，目前还没有精准的方法。说得好听一点，粪便移植可以被看作是用捐赠者粪便做成的栓剂或是一种反向灌肠。作为一名肠道微生物学博士，彼得森知道自己的肠道特别缺乏一组细菌，她在儿时就感染了莱姆病，这是一种由蜱虫携带的细菌造成的感染，让人十分痛苦。莱姆病在美国的新英格兰地区很常见，这种疾病会引起关节的疼痛和疲劳，在初期症状消失后，这种症状会持续多年复发。由于童年的大部分时间都在接受抗生素治疗，彼得森体内的微生物群严重减少，她之所以知道这一点，是因为她在"美国肠道工程"工作，并提交了自己的样本。而在业余时间，她热爱自行车运动，她收集了各类自行车手的粪便样本：有普通自行车骑行爱好者的样本，有那些像她一样为业余比赛训练过的自行车手的样本，还有35位专业自行车手的样本，她想看看他们的肠道细菌之间是否存在着共同之处。结果有两种细菌引起了她的注意，第一种是普氏菌属细菌，竞争力越强的自行车手，他们的粪便中有普氏菌属细菌的可能性就越大。在普通自行车骑行爱好者中，携带这种细菌的只有大约10%；在业余自行车手中则有一半；在专业自行车手中，所有的人都携带这种细菌。彼得森挑出的第二种细菌甚至不算是细菌，而是奇特的古细菌界的一员，它看起来很像细菌，但有着更古老的起源，这一生物界的成员往往只能在最极端的环境中找到，比如含硫的沸水池或是深海。基于这种特点，古细菌菌种史氏甲烷短杆菌在人体内找到了一个生存环境，它可以依靠肠道中其他常规细菌产生的废物——二氧化碳和氢气生存，大多数专业自行车手体内都有着这种特殊的微生物。彼得森提出的工作假设是，其他细菌会产生废物，而这些废物对这些细菌有毒，但史氏甲烷短杆菌消化了废物。因此，细菌得以长久地继续工作，帮助消化食物，而我们便得以从食物中提取更多的能量。史氏甲烷短杆菌提高了肠胃消化的效率，这一说法是合理的。鉴于研究，彼得森得出三点结论：首先，专业自行车手有特殊的肠道菌群；其次，她没有这种肠道菌群；第三，她想成为一个更好的自行车手。于是，她用专业自行车手捐赠的粪便，对自己进行了粪便移植。彼得森声称结果是显著的，她从每周训练几天变成了每天训练，并且体验到了从未有过的活力，她开始参加职业耐力赛，甚至赢得了比赛，这些都证明了她在自行车运动界的成功。但我们能把彼得森所有的成功都归功于她从一个专业自行车手身上移植的粪便吗？遗憾的是，没有对照和双盲试验，这只能是一件逸事。彼得森生活中的其他因素也有助于她的成功，我注意到，她是在攻读博士学位即将结束的时候进行了这项改变她人生的移植手术，任何一个读过博士学位的人都可以证明，博士学位有能力改变我们的生活。当然，她的努力开辟了一个新的研究领域，但也让人担心粪便兴奋剂可能会成为未来体育运动的一个问题。

> 细菌不仅存在于我们的肠道中，它们无处不在。美国北卡罗来纳州立大学开展的"肚脐眼生物多样性项目"发现了2 000多种不同的细菌，平均每个肚脐眼有67种不同的细菌。

如今我们知道，生活在我们体内的细菌不仅仅是搭个顺风车而已，虽然不是所有的细菌都对人体有益，但当体内出现了致病细菌，我们自身的微生物群也能对抗这些细菌。如果我们的肠道中有脆弱拟杆菌，它就能帮助我们的免疫系统对抗其他感染性细菌，甚至我们皮肤上的细菌也能发挥作用，有证据表明它们有助于抵抗寄生虫的感染。那么，如果我们随意地使用抗菌药物和抗生素，这个人们近期才发现的有益细菌生态系统是否有可能遭到破坏？我们是否应该让自己和孩子接触更多不同的细菌呢？越来越多的证据表明，在美国等西方文化环境中，不健康的肠道菌群可能导致或部分导致了肥胖的流行。那么，如何建立并维持健康的肠道菌群呢？其中的秘密众所周知，摄取健康均衡的食物，多吃蔬菜和水果，这样能最大限度地帮助肠道细菌形成一个丰富健康的多样菌群。然而，我们能做的也只有这些了，因为人体内似乎有一种遗传因素，使得一些细菌能够在体内繁殖，另一些却不能。但有一件事是肯定的：滥用抗生素会扰乱我们体内的细菌群落，虽然抗生素能够帮助清除感染，但我们在使用这些药物的时候要再三斟酌，因为抗生素会导致耐药菌增多。除此之外，如今还有另一个可能，即通过粪便移植来重置肠道菌群，这有可能发生在我们每一个人身上。就像最佳的移植是被捐赠器官与患者完全兼容一样，这意味着我们最好的捐献者是我们自己，一些研究人员甚至已经在冰箱里保存了所有家庭成员的粪便样本，以防有家人需要粪便移植。

阿尔茨海默病与你的牙齿

1906年，德国精神病学家阿洛伊斯·阿尔茨海默发表了一篇关于"一种大脑皮层的特殊疾病"的报告，他在一个病人身上发现了这种疾病，这种疾病是一种痴呆症，在接下来的5年中，又有11例类似的病例出现在医学文献中。最初，阿尔茨海默认为，这种疾病仅发生在65岁以下的患者身上，但在1977年，精神病学家们改变了这一共识，意识到这种疾病在老年人中更为普遍。如今，阿尔茨海默病约占所有痴呆症病例的70%，并在2015年被列为全球第五大死因，造成了4 700万人死亡。据估计，阿尔茨海默病造成的死亡人数每20年就会翻一番，这主要是因为世界人口不断老龄化。虽然与其他疾病相比，阿尔茨海默病是人们相对近期发现的疾病，但我们对它的认识也已经有100多年了，因而人们会惊讶于这一事实,即阿尔茨海默病的病因仍然是未知的。

在发现阿尔茨海默病的早期,人们观察死于这种疾病的患者大脑来获得对疾病的了解。患者们的大脑组织萎缩,且被特殊的斑块和缠结结构所填满,斑块在大脑的神经细胞外形成,而缠结则在神经细胞内被发现。在显微镜下,阿尔茨海默病患者的组织样本由于出现斑块而呈现出斑点样貌,细胞则因缠结而变成块状并起皱。1984年,科学家们对这一疾病的研究取得了重大突破,当时加利福尼亚大学的一个研究小组分离并鉴定出了形成斑块的物质,这个罪魁祸首便是一种蛋白质,叫作β-淀粉样蛋白。在发现这个蛋白质的几年后,人们便提出了一个假说,指出这种蛋白质是阿尔茨海默病的病原体,并假设在斑块开始阻塞大脑时,阿尔茨海默病的典型症状出现。

研究人员有了医学假设,并且迫切需要某种药物来治疗患有这一常见疾病的人,他们开始寻找治疗方法。政府和制药公司投入了大量资金,但到我写这篇文章的时候,我们依然没有找到治疗的方法。如果你关注科学新闻,会看到定期公布的突破性科学进展,这预示着研究未来的发展方向,但有时某些突破性进展的研究可能再也不会有后续报道。如果你进一步研究相关的文献,对这些科学发现进行跟踪研究,你会发现,一开始在小规模试验中很有希望的研究,却在下一步试验中失败。目前为止,对阿尔茨海默病患者来说,最好的治疗方法也收效甚微。自1998年至

2014年，大约有124种不同的药物被用于治疗阿尔茨海默病，但没有一种产品通过了所有的试验，投入市场。

一个人因为棘手的问题而头疼时，最终会停下钻牛角尖，暂停并考虑是否有其他方法。人们开始质疑阿尔茨海默病最初的假设，β-淀粉样蛋白假说是错的吗？所有患有阿尔茨海默病的人都有淀粉样斑块，但这并不意味着一定是斑块引起了疾病，相反，斑块也可能是疾病的一种症状。"超记忆老人"的存在便有力地说明了斑块也可能是一种症状，美国芝加哥的一个科学家小组正在研究一群90岁以上的人，他们没有患阿尔茨海默病，实际上，他们表现出几乎相反的症状，在试验中，他们在记忆力和理解力方面的得分与50多岁的人相当。他们表现出"超能力"并没有明显的原因，也不是某种生活方式让他们保持思维敏捷，科学家通过进一步的脑部扫描发现，他们并没有像大多数90多岁的人那样出现正常的脑萎缩。为了进一步了解这些老人为何如此非凡，科学家对其中死后捐献了遗体的老人的大脑样本进行了研究，发现了一些完全出乎意料的东西，"超记忆老人"的大脑中有着与阿尔茨海默病相似的斑块和缠结。实际上，其中去世时最年长的老人的大脑表现出了各种病理特征，本足以让临床医生通过这样的样本来诊断他患有阿尔茨海默病，然而这些老人并没有表现出阿尔茨海默病的外在症状。我们仍然不知道为什么"超记忆老人"到了晚年还能保持思维敏捷，但这确实证明了β-淀粉样蛋白假说可能是错的。

要确定一种疾病的病因，前提是它要符合四项要求，这四项要求被称为科赫法则，得名于19世纪德国的微生物学家罗伯特·科赫。第一，必须在所有患有这种疾病的人身上找到致病的微生物；第二，必须从患病的人身上识别并分离出这种微生物；第三，一旦分离出微生物，便让其重新接种到试验对象，试验对象应显示出疾病的症状；第四，再次进行第二步，从现在生病的试验对象中分离出致病的微生物，并证明它与最初发现的相同。这时，根据科学定理，我们就可以宣称，我们已经找到了导致这种疾病的原因。但是生命，特别是生物，从来都没有这么简单。

2011年，研究阿尔茨海默病流行病学的生物学家指出，牙齿较少的人患此病的可能性略高。进一步研究后，他们发现阿尔茨海默病和牙龈疾病之间存在着特别的联系，牙龈疾病是由口腔中一种叫作牙龈卟啉单胞菌的细菌引起的，如果不加以控制，这种细菌就会在牙齿表面与牙龈之间向内生长，最终导致骨质流失和牙齿脱落。这是一种常见的疾病，65岁以上的人中大约有70%的人会出现牙龈疾病的某些症状，通常比较轻微。牙龈疾病的治疗相对简单，也就是牙医经常会提醒的事项：小心刷牙，使用牙线，两餐之间不要喝含糖饮料，保持良好的口腔卫生习惯。当然，这说起来容易，做起来难。

尽管如此，越来越多的证据表明，阿尔茨海默病和牙龈疾病之间的联系并不是偶然，可能确实存在着因果关系。老鼠是阿尔茨海默病研究的首选试验对象，因为人们已经创造出了一种特殊的基因改良老鼠品种，患有老鼠版阿尔茨海默病的这种老鼠与患有阿尔茨海默病的人类有着非常相似的病症。到目前为止，科学家已经在患有老鼠版阿尔茨海默病的老鼠大脑中，发现牙龈疾病细菌和斑块的位置重合，而那些特别被安排患有牙龈疾病的老鼠最终会出现类似阿尔茨海默病的症状，并产生淀粉样斑块。而当研究对象变成人类时，研究就更加困难了，研究的第一步，是找到合适的方法来识别大脑的组织样本何时含有牙龈疾病细菌。幸运的是，牙龈卟啉单胞菌能产生一些独特但难闻的蛋白酶，并分泌到周围的组织中，这些牙龈蛋白酶会分解健康的牙龈细胞表面的其他蛋白质，以此来帮助细菌入侵牙龈组织。英国兰开夏郡的科学家在脑组织中寻找牙龈蛋白酶时，发现它们和淀粉样蛋白斑块的位置相同。试验还表明，如果我们把这种牙龈疾病细菌引入老鼠的大脑，一天之内老鼠的大脑中就会形成淀粉样斑块。回到科赫法则，我们似乎能够很好地证明牙龈疾病细菌是致病因素，阿尔茨海默病患者的大脑中发现了一种名为牙龈卟啉单胞菌的生物，它被识别出来并重新引入未受影响的大脑，引起了同样的症状，然后细菌在出现症状的部位被识别出来。这完全符合科赫的四项假设，诚然，这是几个不同的研究小组，通过对老鼠和人类进行研究才得出的结果。阿尔茨海默病并不简单，仍有许多研究人员不太相信这一结论。

> 口腔中最常见的细菌不是牙龈卟啉单胞菌,而是一种不同种类的细菌,被称为变异链球菌,会导致蛀牙。它的基因使其能有效地附着在牙齿表面,形成菌膜,然后消化糖类产生乳酸,酸性物质会使牙釉质脱矿,留下小毛孔,容纳更多细菌,直到产生蛀牙。

首先,我们不知道牙龈疾病细菌是如何从口腔进入大脑的。我们可以编造一个场景,让细菌在我们用力刷牙的时候进入血液,一旦进入血液,细菌就需要通过血脑屏障,这是一种专门的过滤系统,可以阻止有害物质进入大脑,我们知道牙龈卟啉单胞菌可以入侵白细胞,所以它可能借助白细胞悄悄通过血脑屏障。另外,阿尔茨海默病具有明显的遗传性,但我们不知道遗传如何在细菌假说中发挥作用,我们猜测,有可能是阿尔茨海默病中最重要的遗传基因生成了载脂蛋白E蛋白,而牙龈蛋白酶十分善于攻击这种蛋白质。最后,这一假说还有一个小问题,即细菌一旦进入大脑,它是如何引起疾病的呢?尽管已经弄清楚了细菌是如何到达大脑的,研究结论也符合科赫假设,但如果没有明确的机制来说明牙龈卟啉单胞菌如何引起疾病,那么我们还是不了解阿尔茨海默病的病因。对于这最后的难题，目前可能的答案是，牙龈疾病细菌触发了大脑中的某种防御机制，防御机制杀死了淀粉样斑块中的细菌，而如果病人携带有容易感染阿尔茨海默病的基因，那么防御机制就会出现些许失控，最终在杀死细菌的同时，也会杀死脑细胞。

那么，这是否意味着我们很快就能找到治疗阿尔茨海默病的方法呢？我对此持有积极的看法，虽然淀粉样蛋白假说已经有几十年没有取得任何重大的突破，但是这一新假设的研究进展可能会减轻患者的痛苦，甚至有一天可能会治愈这一疾病。澳大利亚的研究人员已经在研究治疗牙龈卟啉单胞菌的药物，国际制药公司也开始将目光转向可能的方法来消灭这种细菌。如果证实了牙龈疾病细菌是阿尔茨海默病的根源，那么任何改善患者的口腔卫生的措施都可能对这一疾病具有预防的效果。

锻炼伴随着酸痛

我只会在舒适的季节里跑步锻炼，自从六年前开始跑步以来，每年春天我都会掸掉跑鞋上积下的灰尘，到户外做一些运动。我喜欢在户外跑步，通常会沿着当地自然保护区里的河流跑，如果是外出工作，我也总能找到公园来锻炼。不过，不要误会，我不是专业的，我费力跑大概半个小时，也跑不到5千米——比起英里[①]，我更喜欢用千米来计算，毕竟跑5千米可比仅仅跑3英里多好听多了。冬天来临的时候，我会试着多穿几件衣服，戴上手套继续跑步，但是已经心不在焉了。甚至有一年，我还去了健身房，试图在那阴暗、潮湿的几个月里继续锻炼，但是对我

---

① 1英里=1.609千米。

来说，哪儿也不去，看着一面白色的墙在跑步机上跑步没意思极了。因此，在每年冬天的三个月里，我都会暂停跑步。当春天再次到来的时候，我开始了新的一年中的第一次跑步，而我总是在第一次跑步后出现肌肉酸痛。我最近发现，在社交媒体上，这种现象被简称为"严重的迟发性肌肉酸痛"（Major DOMS）。

迟发性肌肉酸痛简写为DOMS，几乎发生在所有运动中，且症状简单。我们的身体在运动后可能会有点酸痛或疲倦，但这不是迟发性肌肉酸痛。迟发性肌肉酸痛，顾名思义，肌肉酸痛会出现延迟，通常会在运动后的第二天或第三天发作。出现酸痛延迟的肌肉在伸展时会疼痛，甚至被触摸时也会有痛感，这种情况会持续一天左右，如果身体进行了极端的锻炼，那么肌肉酸痛可能会持续更久。迟发性肌肉酸痛的特别之处在于，在一年中第二次跑步的时候，我可能还会感到有点酸痛，但到了第三次就不疼了。而我在写这篇文章时，正是初春，跑步刚刚开始，我已经跑了四次步，第一次跑完步，我在两天后感受到肌肉酸痛，跛行了一天；第二次跑完步，我注意到身体有一点酸痛；但第三、第四次跑完步，迟发性肌肉酸痛便没有再出现了。那么，我们该如何解释这种肌肉酸痛仅出现在第一次做运动时，且出现在运动的两天之后的现象呢？

人类是如何知晓肌肉的工作原理的呢？这一细胞生物学的经典问题很少有人知道，这个问题的研究者之一是一位名叫简·汉森的才华横溢的女性。20世纪50年代初,战争刚刚结束,这位刚刚获得博士学位的生物物理学家汉森,在美国麻省理工学院休了一年的假,在那里她遇到了另一位博士后研究员休·赫胥黎,他们共同构建了肌肉如何工作的理论。在那时,科学界已经确定肌肉主要由两种蛋白质组成:一种叫肌球蛋白,另一种叫肌动蛋白。我们知道,肌球蛋白会分解细胞内储存能量的三磷酸腺苷(ATP),而且蛋白质纯化后混合会发生特殊的变化,如果我们把纯肌球蛋白和纯肌动蛋白一起放在水中,它们会变成一种黏稠的凝胶,之后加入ATP,凝胶变薄,等待一段时间后变成液体。汉森和赫胥黎进行了细致的显微镜研究,发现肌肉是由交替的明暗带状物质构成的,据此,他们提出了肌丝滑行理论,来阐述肌肉如何工作。在显微镜下,他们可以看到肌动蛋白正在形成彼此平行的肌丝,肌球蛋白似乎也能组织成丝,且平行排列,肌球蛋白丝交叉在肌动蛋白丝上,假设肌动蛋白丝是我们左手的手指,肌球蛋白丝是我们右手的手指,现在交叉手指,这样每个手指的第一个关节就会重叠。当通用细胞能源ATP加入肌动蛋白和肌球蛋白的复杂排列中,一组肌丝会滑到另一组上面。汉森和赫胥黎认为,这就是肌动蛋白和肌球蛋白所发生的情况。他们在显微镜下看到,每块肌肉都是由数百万条平行的肌丝组成,肌肉充满能源时,这些肌丝便可以滑动到一起,且每条肌丝都会缩短一点点,总体来看,肌肉就会显著收缩。

我们如今对于肌肉收缩的全过程已经更为了解了。肌动蛋白是一种球状蛋白，单个的肌动蛋白大致只是一个球形的团块，但多个肌动蛋白会形成多聚体，这时它们便开始自我组织，形成长长的缠绕链。研究证明，这些肌动蛋白链或丝是肌肉和所有细胞的支架结构。肌球蛋白则是一种更有趣的蛋白质分子，由两部分组成：一条长长的、波动的尾巴和另一端的球根状头部。与肌动蛋白一样，肌球蛋白也会自我组织，它们会将尾巴缠绕在一起，并沿着尾巴伸出球根状的头部，从而形成肌球蛋白丝。在肌肉组织中，肌动蛋白形成平行排列的细小纤维，沿着被称为Z线的一端连接在一起。这样，我们就有了两组肌动蛋白丝，连接着一条Z线彼此相对，它们还分别连接着一组两端引出的肌球蛋白丝。当ATP出现时，肌球蛋白分子的头部结构会抓住肌动蛋白丝，并向肌球蛋白的中点弯曲，将肌球蛋白丝向Z线扭动，由于这发生在肌球蛋白丝的两端，两端的Z线靠近，肌肉缩短。这一美妙的分子层面工程全部是由蛋白质完成的，而这也是迟发性肌肉酸痛产生的原因。

每当我们使用肌肉时，无数的肌球蛋白分子就会来回旋转，疯狂地沿着肌动蛋白丝扭动。如果我们一直过度锻炼肌肉，身体就会出现一些状况。在肌肉纤维内部，我们开始以非常快的速度消耗储存分子能量的ATP，也会以非常快的速度产生废物，但肌肉细胞消除废物的速度赶不上我们产生废物的速度，因此废物便开始积聚。这个废物就是乳酸，正是乳酸让我们的肌肉开始疼痛，甚至在极端情况下会产生灼烧感，但并不会持续太久。让肌肉休息10~30分钟就可以完全消除多余的乳酸，疼痛消失后，我们就可以再次锻炼了。但我们没有注意到的是，锻炼已经造成了一些损伤，从而导致了各种肌肉出现迟发性酸痛。

迟发性肌肉酸痛与一种特殊的运动类型有关，运动科学家称之为离心运动，与向心运动相对应。当科学界选择使用常用的词语来表达一些完全无关的且具象的东西时，反而会把外行人搞糊涂。解释离心和向心运动，最简单的就是举个例子，想象这样一个动作：反复上下举起手中的一个物体，先靠近胸部，然后再远离。比如一个经典的哑铃弯举动作，可以锻炼我们的二头肌，但不需要非得是哑铃，它可以是一本书或一杯啤酒。我们在举起物体时，上臂前方的二头肌会收缩，这种锻炼就是向心运动，我们在放下手臂时，仍然需要使用二头肌来控制物体的下降，并伸展肌肉，这就是离心运动。只有我们在控制肌肉伸展、做离心运动的时候，肌肉才会出现延迟性酸痛。

我们第一次做离心运动，或者过了很久之后再做离心运动时，身体究竟发生了什么？科学家们对此还在讨论和研究，而目前最好的解释是，我们的肌肉在扩张时损伤了肌球蛋白丝和肌动蛋白丝的小亚基。回想一下，肌动蛋白是连接在一起的，且每组肌动蛋白丝通过Z线与相邻的一组粘在一起，离心运动似乎会使这个结构承受很大的压力，导致结构开始分裂，肌肉中出现微小的撕裂。我们无法肉眼看到，但在显微镜下，肌肉的确在自我撕裂。一旦微小的撕裂形成，虽然我们停下运动，也感觉良好，没有疼痛，但是我们的肌肉中已经充满了受损的组织，需要修复。损伤会导致大量的蛋白质释放到细胞间的液体中，从而影响血液，于是免疫系统很快便开始行动，血液中漂浮的白细胞会吸收这些本不应该存在的泄漏的蛋白质，并通过释放组胺和血清素之类的化学物质来发出免疫反应的信号。这些化学物质会将所有的局部血管扩张，增加该区域的血液流动，液体开始流入受损的肌肉纤维，使其轻微肿胀，被称为中性粒细胞的白细胞紧跟着液体，扭动着进入肌肉组织，并开始吸收受损的蛋白质。这整个过程被医生称为炎症，无论我们的身体因为何种原因出现何种损伤，炎症都是身体的正常反应。

已知迟发性肌肉酸痛是一个复杂的多步骤过程，我们也就不奇怪为何炎症需要经过一段时间才会出现，而正是延后的时间导致这一病症叫作"迟发性"肌肉酸痛。锻炼24小时后，肌肉中出现了很多微小的撕裂，这时炎症出现，肌肉便开始疼痛。我们在放松肌肉的时候，通常不会感受到肌肉酸痛引起的不适；只有在运用肌肉的时候，才会感受到肌肉酸痛。一旦肌肉酸痛出现，我们试图收缩肌肉，但炎症会增加额外的挤压，反过来激活了肌肉中的压敏感受器，身体就会感到疼痛。一两天过后，肌肉损伤得到修复，炎症消退，疼痛也会消退，这一修复过程的好处在于，它会出现重复效应，让我们在下次跑步或锻炼时免受肌肉疼痛之苦。

> 肌球蛋白中，有一种稍有不同，它们负责在细胞内运送物资，为了完成任务，它与肌球蛋白分子相连，而肌球蛋白分子连接着细胞内的肌动蛋白丝网。这就好像每个细胞都有一个铁路网，而扮演火车头的角色是肌球蛋白。

由于重复效应，我在第三、第四次跑步后，都没有再出现迟发性肌肉酸痛的症状。我相信，我近期跑完步后都不会再出现这一症状。同样，科学家们仍在研究重复效应的确切机制，但看来肌肉微撕裂的修复过程不仅修复了肌肉，而且强化了肌肉。在修复过程中，肌肉的肌球蛋白和肌动蛋白的亚基数量出现增加，因此我们的肌肉会稍微变长，可以在没有任何损伤的情况下进行本应有害的离心运动。重复效应由一次迟发性肌肉酸痛引起，可持续长达六个月，但我自己的经验是，重复效应持续不了那么久，只有一个月左右，这就解释了为什么每年春天我都要重新遭受痛苦。在近期第一次跑步后，我果然在两天后出现了肌肉酸痛，但随之而来的炎症和愈合会让我在这一年剩下的时间里免受痛苦，即使我耽误了几次常规跑步（我承认一个月中偶尔会有间隔），下次跑步时也不会感到任何的肌肉酸痛。炎症和修复过程会让我的肌肉延长，这样我就可以跑同样的距离而没有不良影响。更妙的是，只要我保持运动强度，原则上我就可以跑得更远、做更多的运动。虽然这在理论上可行，但对我来说，仍然是不可能的。

　　只要你偶尔坚持锻炼，那么重复效应会导致迟发性肌肉酸痛一直不出现，如果你像我一样，很长一段时间停止锻炼，那么一个我们还未知的过程会剔除掉所有多余的肌球蛋白和肌动蛋白亚基，我们就会回到起点。那么，理解这个科学原理能否帮助我们避免迟发性肌肉酸痛？最显而易见的方法当然是我们继续锻炼，来保持住重复效应产生的保护。你可以降低锻炼的频率，也可以降低锻炼的强度，但你需要持续锻炼。如果你像我一样，尝试过锻炼，但没有坚持住，并且有很长一段时间停止锻炼，那么根据这怪异的生物学原理，你可以通过短暂的锻炼来获得重复效应。

　　按照我自己给出的建议，在停止锻炼较长时间后，我头几次跑步时应该少跑些距离，然后在之后的跑步中慢慢达到全程。但不幸的是，我求胜心切，决心要证明我仍然可以像往常一样跑步，结果我的心理妨碍了我进行良好、科学的运动。每年，我在第一次跑步的两天后，都一瘸一拐地走着，受着迟发性肌肉酸痛的折磨。

不善理解大数字

请你在脑海中想象5个人聚集在一起，形成一个小群体，这没有什么难度。要是想象25个人的群体，就有点复杂了。那要是想象100人或是500人呢？你能够想象这么多人站在田野里吗？对你来说，这一人群的概念可能会开始模糊。如果我们进一步增加人数，我们对人群的概念就会分崩离析，1 000人的群体是什么样子，100万人的群体是什么样子，10亿人的群体又是什么样子？诚然，你可能也开始怀疑，这片田野能否容纳这么多的人，但问题是成立的，另外，你也可以轻易地辨别出，100万人比1 000人要多得多。为什么大的数字如此难以理解，而又为什么我们仍然可以操纵它？

最新的研究表明，我们的大脑通常会以不同的方式来处理大数字和小数字，但并非只有人类才有这种能力，其他灵长类动物和鱼类身上也有这种现象。对动物行为学家来说，孔雀鱼是一个容易研究的实验对象：它们繁殖速度快，易于饲养，体形也很小。孔雀鱼也是天生的群居生物，总是试图与附近最大的孔雀鱼群体聚集在一起，刚出生的孔雀鱼天生就有这种倾向，这给在帕多瓦大学工作的意大利科学家克里斯蒂安·阿格利罗提供了一个方法，来测试鱼类的算术能力。他为孔雀鱼设置了一个由三个隔间组成的水箱，在主水箱相对的两侧有两个小空间，可以存放不同数量的成鱼，在每一侧形成一个小的鱼群。主水箱位于两个鱼群之间，阿格利罗会在主水箱的中央放置一条单独的小鱼，由于其群居属性，这条小鱼此前与另外一条小鱼放在一起喂养。当两侧水箱里分别装了不超过5条的少量的鱼时，主箱里的小鱼就会准确无误地向鱼最多、鱼群更大的那一边移动，即使两个鱼群之间只相差了一条鱼，它也能准确分辨。但随着每个鱼群的数量增加，幼孔雀鱼就不那么擅长数数了。即使数字只大了一点，它的算术就不够准确了。当然，如果鱼群数量的差距足够大，孔雀鱼仍然能够辨别出差异。有些诡异的一点是，孔雀鱼的实验与以人类为测试对象的实验能够完全对应，但人类的实验并不是让受试者选择更大的人群，而是让他们在电脑屏幕上浏览一连串含有圆点的图像，然后选择圆点最多的那个图像。这意味着我们的大脑中有两个数字识别系统，第一种适用于我们在日常生活中所熟悉的较小的数字：一只手的手指的数量、放在桌子上的玻璃杯的数量、衣服口袋的数量。这一系统让我们知道精确的数字信息，让我们得以分辨出具体的数字是相同还是不同，我们可以立刻看出四根手指和五根手指不一样，分辨出哪个数更大。而第二种数字识别系统适用于更多的数量，就像让孔雀鱼得以分辨5条鱼以上的鱼群。第二种系统让观察者对数字有了更为直观却不够精确的理解，这就是为什么它只能准确分辨有较大差异的数字，而无法分辨差异较小的数字。

现在，你可能会想，人类的受试者们会数圆点的数量，然后得到一个精确的答案，但在大量实验中，图像会闪得很快，受试者没有时间来进行这种心理计算。当然，我自己也有这样的经验，如果物体的数字小，我的大脑能够意识到看到的物体的数量。比如我可以看到，盘子里原先有5块饼干，后来我的孩子们进了房间，而现在饼干有4块。虽然我没有计算物体的数量，但当这个数量很小时，我仍然能够知道它具体的数量。

> Billion与Trillion在不同的地方有着完全不同的数学意义。在美国、英国、俄国、北非和澳大利亚，Billion代表十亿，Trillion代表万亿。然而，在欧洲大陆、南非和南美（但不包括巴西），Billion代表万亿，Trillion代表千万亿。

这两种数字的识别系统似乎也位于大脑的不同部位。以猴子为研究对象的实验表明，猴子在看到含有1~5个物体的图像时，大脑中顶内沟的区域就会活跃起来。顶内沟是位于头顶后侧的沟槽，沿着一小部分大脑进行运作。在顶内沟区域，一些神经细胞活跃时，其神经细胞的数量与看到的物体数量成正比，即猴子看到的物体越多，就有越多的细胞被激活。在这片区域内，所有的脑细胞都与特定的数字有关，因此，当图像显示3个物体时，一组细胞被激活；而当图像显示4个物体时，另一组细胞则被激活。顶内沟似乎也与数学能力有关，对有计算障碍的人来说，无论他们多么努力，任何数学问题都是极大的挑战，而他们的大脑中顶内沟的脑组织体积较常人要小。我们之所以对大数字的理解更为直观却不够精确，顶内沟发挥了至关重要的作用，我们在看大数字的时候，顶内沟区域内似乎没有任何细胞被激活，顶内沟的细胞只会被小数字激活，而不能被大数字激活。科学家们仍不清楚人类是如何处理较大的数字的，可能这需要大脑进行更复杂的估计。人类能够本能地处理小数字，而处理大数字并非本能。

我们需要注意到，两种数字识别系统是"双刃剑"。尽管我们能够辨别并立即掌握那些人类进化过程中一直存在的小数字，但涉及大数字时，我们没有参照点，这时，我们的判断便开始出现偏差。美国伊利诺伊州西北大学的劳伦·诺德格伦进行了一项研究：假设一些人犯了罪，诺德格伦要求志愿者们判决这些罪犯应该受到怎样的惩罚。在每个实验中,志愿者们被分成两组,并分别在不同的情况下进行判断,第一个实验要求志愿者决定一个骗子的刑期,范围为1~10年,一组被告知这个骗子欺骗了3个受害者,另一组则被告知他欺骗了30个受害者。结果表明,被告知欺骗的受害者数量越多,志愿者们所判的刑期越低;受害者很少时,判决的刑期反而会高。诺德格伦尝试了一系列不同的场景,结果都是一样的。要让两组人的判决一致,唯一的方法是从众多受害者中选出一位受害者,给志愿者们展示这位受害者的照片,并且告诉他们受害者的名字,这样志愿者们对众多受害者的同情就会变成对一位受害者的同情。与此同时,志愿者们就不会考虑给予较长的刑期了。

在21世纪,我们生活的世界处处都有着庞大的数字。我们正处于所谓的大数据时代的开端,在这个时代,只有计算机才真正有机会掌握那些动辄数十亿、数万亿的数字。这些数字可能与社交媒体、病毒式广告的数据有关,可能是我们的基因排序数据,也可能是来自数千个气象站的天气信息,所有这些产生了巨大的数据,我们灵长类动物的大脑凭直觉是无法真正理解这些数据的。考虑到这些数据对我们的文明进程的重要性,我们只能希望那些有影响力的人能小心地做出策略,让巨大的数字变得有意义。

毛猿

与大猩猩相比，我们可能会认为自己身上没有多少毛发——毕竟，我们因为明显缺乏毛发而被称为"裸猿"。然而，如果比较一下猿猴与人类的毛囊数量，我们就会发现两者是差不多的，除了手掌和脚底，我们全身都长满了毛囊。我们与我们多毛的猿猴"近亲"的不同之处在于，我们进化出了毫毛，与更长更粗的终毛不同。你认为没有毛的身体部位，比如肚子或者手臂的下面，其实都覆盖着极细的毫毛，通常只有1毫米或2毫米长，完全无色。我们更熟悉的是另一种毛发，即终毛，终毛更粗，有颜色，也可能会长得很长，这就是长在我们的头、脸、腹股沟、腋窝、眉毛和睫毛上的毛发。不同类型的终毛也有些许差别，比如有些终毛会有卷曲，不同的终毛的汗腺不同，但这些都是表面现象，其基本的生物学构造是相同的。但毫毛与终毛的构造是不同的。

终毛毛囊与毫毛毛囊的基部都有大量的特化干细胞，这些细胞在毛囊的基部或球部形成一团，拉长并开始大量产生一种叫作角蛋白的蛋白质，形成长而连续的发丝，最终形成毛发本身。最终拥有什么样的毛发取决于很多因素，毛囊球部中干细胞的数量决定了毛发的粗细，这也是终毛与毫毛之间的主要区别之一。毛囊的形状也会对毛发产生明显的影响，一个竖直的圆形毛囊会产生直发，一个椭圆的毛囊则会产生波浪状的头发，而对于紧密卷曲的毛发，是其毛囊内部的卷曲结构导致了毛发卷曲。毛发的长度取决于毛囊的生长周期，所有毛囊都有一个生长、退行和休止的周期，生长期的长短决定了毛发的长度。比如，我们头皮上的毛囊一旦进入生长阶段，就会在这个阶段停留2~8年，甚至更长。基于头发一个月长约10毫米的速度，我们的头发有机会长到1米的长度。眉毛生长较慢，大约是头发生长一半的速度，且其生长阶段只有6个星期，导致眉毛的长度通常不超过1厘米。毫毛的生长期则很短，其干细胞的数量要少得多，毛囊也更窄，导致其产生细小的直发。生长期过后，产生角蛋白的细胞的血液供应被切断，导致这一细胞死亡，毛发也停止生长，这时毛发就会脱落。毛囊会休息一段时间，然后重新长出一根新的毛发，至少通常情况下是这样的。显然，对一些人来说，变异与其他原因导致了不同毛发模式的出现。比如，典型的男性脱发是由于毛囊球部中干细胞的缺失，杀死这些细胞的不是常见的睾丸激素，而是更为少见的二氢睾酮。诚然，这种物质是由睾丸激素构成的，但只要一点点二氢睾酮就能对毛囊造成伤害。头秃的男人和头发茂密的男人之间的区别不在于睾丸激素的水平，而在于将睾丸激素转化为二氢睾酮的酶的水平以及干细胞对二氢睾酮的敏感程度。其结果是毛囊的生长期逐渐缩短，休止期增加，最终，生长期减少到零，干细胞完全死亡，这就是为什么一个人如果秃了就会永远如此，没有办法能让他的毛囊重新生长出毛发。

但对进化生物学家来说，最大的问题是，为什么我们身上的毛发会从终毛转变为毫毛？毕竟，黑猩猩身上的毛发都是终毛，这就是为什么它们全身覆盖着毛发。关于这一变化的原因，科学界有着不同的观点，科学家们从男性与女性毛发的差异出发，来寻找我们毛发转变的原因。男性的终毛通常比女性多，尤其在脸部和胸部更多，通常来说，性别之间的差异表明这种进化选择具有性别偏好的特征，于是便引出了接下来的问题：为什么毛发旺盛的男性是更为理想的交配伴侣？又为什么毛发旺盛的人要比那些毛发稀疏的更加健康，毛发旺盛的人的后代能更好地生存下去？

> 人类头发中最常见的寄生虫是头虱，这种不会飞的虫子长3毫米，会从我们的头皮吸血。尽管头虱令人讨厌，但它本质上是无害的，而它的近亲体虱却并非如此，体虱进化到能够依附在毫毛上生存，并且它还能传染流行性斑疹伤寒、战壕热等传染病。

人类的终毛之所以能够进化为毫毛，目前存在两种可能性。第一种可能性是毛发稀疏意味着毛发中的寄生虫减少，第二种可能性是为了人类能更好地在正午烈日下生存。就寄生虫理论而言，我们知道扁虱、跳蚤和壁虱等生物更易生存在毛发中，而非在裸露的皮肤上，这些种类的寄生虫若是大量寄生在人类的毛发中，会给身体带来极大的负担。原本毛发可以让寄生虫隐藏在我们的身体上，但毛发退化让它们无处遁形，这便是毛发进化的优势了。第二种可能性则是人类为了在炎热的非洲气候下控制体温，毫毛能极大降低身体的温度。汗液由与毛囊相连的汗腺产生，汗液附着在毫毛上，然后蒸发，从而使皮肤降温。茂密的毛发是不能做到这一点的，相反，茂密的毛发中会形成一层空气，且密不透风，起到隔热和保温的作用。我们知道，智人生存在非洲烈日的照射下，他们是在高温的生存环境下进化而来的；我们也知道，人类主要在白天活动，我们的眼睛就是为了在白天活动而进化成这样的。因此，对热量调节的需求促使我们失去了一层毛发，这个说法似乎是合理的。

但这两种可能性都存在一个问题，即其他的灵长类物种并没有与人类一样出现毛发进化，如果说我们失去毛发是为了避免寄生虫和调节体温，那么为什么这种情况没有发生在黑猩猩、大猩猩和猴子的身上呢？当然，失去毛发也会带来一些弊端，虽然毫毛可以帮助人类调节热量、避免寄生虫，但在晚上，终毛覆盖在身体上能够保持温暖。这可能是因为，毛发进化并不是单独出现的，而是伴随着人类其他的进化一起出现的，除去毛发进化，我们与其他灵长类动物还存在着其他的差异，那就是我们具有更高的智力，并发展出了文化。如果毛发进化正好发生在人类智力与文化发展的时期，我们便可以利用智慧创造出简单的工具来制作衣服，以抵御夜晚的寒冷，我们的文化通过语言得以传承，语言则迅速传播了制衣的方法。这是一个相当完美的观点，将人类进化史的两条线索联系在一起，解释了人类是如何将长满全身的毛发变成细小的毛发，甚至对不仔细观察的人来说，我们就是"裸猿"。

如何欺骗人类

增加一个维度

1922年9月27日，《爱的力量》在洛杉矶的大使饭店剧院上映。这部无声电影的主人公有南加州的唐·阿尔梅达、他的女儿玛丽亚、玛丽亚奸诈的未婚夫唐·阿尔瓦雷斯，以及玛丽亚爱上的男人——刚来到当地不久的特里·奥尼尔。故事本身没有什么新意，叙事情节迎合了第一次电影繁荣时期影迷们的胃口，情节包括卑鄙的唐·阿尔瓦雷斯多次欺骗玛丽亚，但玛丽亚在意外受伤的情况下幸存下来，特里最终与玛丽亚在一起。这部电影只有一点与众不同——1922年的电影《爱的力量》是第一部3D（三维）电影。遗憾的是，我们无从得知，这些观众是不是最早体验到看3D电影会头疼的一批人。

电影院给观众们分发了特殊的眼镜，眼镜配有一个红色的镜片和一个绿色的镜片。哈里·费尔罗和罗伯特·埃德设计了拍摄这部电影的摄影机,摄影机含有两组镜头,且镜头并排相隔6厘米,这个数字是成年人瞳孔间距的平均值。在这个早期的胶片摄影机里面有两套胶片卷轴,可以同时从左右两个略有不同的角度记录场景,这项技术的理念是,每套卷轴相当于一个眼球,用来捕捉场景。接下来要解决的就是如何将左边角度的影片传递给观众的左眼球,如何将右边角度的影片传递给右眼球,这时红绿眼镜便开始发挥作用。电影用红色的投影滤光器放映左边的胶片,最后得到带有红色色调的胶片,如果我们在每个观众的右眼前放上一个与红色滤波一样的滤光镜,红色色调的电影就不能通过眼镜的滤光镜,因而只有左眼才能看到这个版本的电影。对右边的胶片重复同样的过程,但这一次换成绿色投影滤光器,然后把绿色滤光镜放在观众的左眼前,这样他们就只能从右眼看到右边的胶片。最终观众会得到一种立体的视觉体验,在这种体验中,动作似乎跳出了平面屏幕,与屏幕产生或近或远的距离。

使静态图像出现三维效果的想法早就有人提出了。1838年,多产的发明家、电报先驱查尔斯·惠特斯通发明了第一个三维图像查看器,或称立体镜,而实际的摄影法在当时还未出现,因此立体镜最初被用于手绘图像。但从摄影诞生起,人们就在实验生成立体的三维图像方法。两年后,负片摄影法的发明者威廉·亨利·福克斯·塔尔博特找到惠特斯通,他们开始拍摄立体图像。早期的立体镜使用的是镜子，或者是在眼睛旁边放置挡板，以便让每只眼睛都能看到一个单独的图像，图像拍摄的位置略微改变，我们的左右眼球会产生略微不同的现实图像，而大脑则重新组合这些图像。

这些早期的系统存在着一个问题，即一次只能有一个人观看到三维图像，而这时，红绿滤光系统，或称互补色立体观测便开始发挥作用。这是1853年由一个叫威廉·罗曼的德国人发明的，只要我们戴上一副滤光眼镜，就能看到立体图像，突然之间，三维影像的领域向大众张开了怀抱。19世纪末，法国人路易斯·勒·普林斯将静止图像转变成了移动图像，因此三维影像最终进入银幕也就不足为奇了。

1922年，《爱的力量》在首映时大获好评，但这部电影却只放映了两次。此后，3D电影一直被归为新奇小众，直到1952年，3D电影才再次在银幕上实现突破。3D新时代的第一部长篇电影叫作《非洲历险记》，电影从一开始制作便遇到了一个技术上的主要难题。正如一位影评人所说："3D电影让我头晕目眩，我立刻去看了一部2D电影来缓解。"三维技术似乎让大部分观众头晕目眩，因而其黄金时代仅持续了两年。从1954年到20世纪80年代早期，二维电影足以满足观众的需求，20世纪80年代，3D电影短暂复苏，为我们带来了《大白鲨3D》和《13号星期五3D》等经典的系列大片。虽然电影的拍摄技术有所改进，且当时大多数影院系统使用的是偏光式滤镜而非色差式滤镜，但3D电影仍然会让观众头晕。

最后我们来看看3D电影的近况，其近期出现复兴。2009年，由詹姆斯·卡梅隆执导的电影《阿凡达》虽不是近期3D电影复兴的先驱，但实现了3D电影复兴的高峰。这部电影特意拍摄成了3D版本，并获得了巨大的成功。《阿凡达》成为当时票房收入最高的电影，收入近28亿美元，直到2019年7月才被超越。观众之所以接受了三维技术，原因之一是我们现在知道为什么观众在观看3D电影时会头疼，而这也改变了詹姆斯·卡梅隆拍摄影片的方式。

我们之所以能看到三维物体，是因为我们有两只眼睛，也就是我们所知的双眼视觉。因为我们的左右瞳孔相差约6厘米，我们通过每只眼睛看到的世界略有不同，每只眼睛所感知到的是一个平面的二维图像，由每只眼球后部视网膜上的视杆细胞和视锥细胞所检测到，大脑对左右眼球中的两种图像进行组合，使我们不仅能感知三维世界的宽度和高度，也能感知到深度。但是，人类的眼睛拥有额外的生物构造，使更多的信息能够添加到真实世界的图像中，当眼睛聚焦在一个物体上时，眼球内部与眼球之间会发生两种事情：调节和会聚。

为了让落在眼睛后部视网膜上的光线形成清晰的图像，形成瞳孔的透明晶状体能够改变瞳孔的形状，从而提高聚焦能力。这种晶状体的调节确保了我们能清楚地看到东西，对需要戴眼镜的人来说，眼镜正是在弥补晶状体调节的缺陷。眼睛晶状体的调节是一种反射，这意味着我们不需要有意识地控制晶状体的调节，它是自动发生的，且与第二种眼睛的反射同时发生，这第二种反射被称为会聚反射。

要看到"会聚反射"，我们首先需要找到一个帮手，或者是用某些可能的方法来拍摄自己，这是因为我们自己是无法看到效果的。让朋友伸出一根手指，并伸长一臂的距离，再让他们将眼睛集中在指尖上，现在让他们的手指慢慢地靠近自己的脸，同时眼睛仍然集中在指尖上，而我们则需要观察他们的眼睛。随着手指越来越近，眼睛开始向内看向鼻子，直到出现"斗鸡眼"，这就是会聚反射，或者说这个手指的例子演示了眼睛的会聚。当一个物体靠近我们时，我们的眼睛会交叉、会聚，如果物体移开，眼睛则会发散。总之，会聚反射给大脑提供了关于我们通过眼睛看到的三维世界的额外信息，我们的眼睛会聚得越多，物体就越近。这些信息被添加到我们实际看到的图像中，来帮助我们的大脑构建一个关于我们周围世界的完整的三维图像。遗憾的是，所有带有滤镜和镜头的三维摄像技巧都只考虑了丰富的信息输入，忽略了会聚反射。

我们在电影院看3D电影时，眼睛会自动将银幕上的图像聚焦到眼球的后部。根据到银幕的距离，你的眼睛调节晶状体进行合适的聚焦。同样，为了让两只眼球看到同样的东西，眼睛会调整会聚，以准确地看向银幕而不会出现"斗鸡眼"。我们在观看3D电影时，电影中的物体会"跃出"屏幕前后，这时问题就来了，假设物体出现在屏幕的前面，两只眼睛接收到的图像在我们的大脑中创建了一个三维图像，而这个图像要比银幕的表面更接近我们，因此我们眼睛的晶状体应该将聚焦调节到更近，眼睛视线也应该更多地向内，但是图像其实还在屏幕上，我们的大脑接收到了相互矛盾的信息。一方面，大脑感知到了一个近距离的物体，但是另一方面，会聚反射表示这个物体处在远处的屏幕上，大脑便向眼球进行反馈，以试图解决这个矛盾。我们要么迫使眼睛忽略会聚反射，而这样会导致我们看到的图像模糊、叠影，并且不再是三维的了；要么忽略大脑，顺应会聚反射，并看到三维图像。不管怎样，这种持续的冲突会导致眼睛疲劳，也会导致许多电影观众经历过的"3D电影头疼"。

那么，如何才能绕过这个不可回避的难题呢？关键是我们要明白，无论什么时候，无论银幕上出现了什么，几乎所有的观众都在看同样的东西。一个好的电影导演能够凭直觉知道观众的关注点，这是人类的特点，我们会本能地用眼睛去寻找某些细节。如果银幕上的人开始说话，我们的关注点就会跳到他们的脸上，而非他们的动作，理解这一点是大多数近距离魔术的基础，当然，魔术还需要大量的练习。我们可以通过眼球追踪技术，测试出观众在看什么，据此，我们能够很容易地证实这一观点。一个精明的3D电影导演在掌握了这些信息后，便能确保将观众的焦点保持在画面显示的景深的中间。这时，我们的眼睛接收到的图像会聚焦在电影屏幕上的一点，而这一点与会聚反射迫使眼睛聚焦到的焦点相同，眼睛不再和大脑对抗，从理论上说，观众就应该不会头疼。这意味着，导演必须避免早期3D电影的惯用技巧，即物体突然被推到镜头前面，似乎要从屏幕上跳出来，正是这样的效果导致了大脑内部的冲突，并引发了头疼。与让人头晕目眩的《非洲历险记》相比，《阿凡达》的不同之处在于，它理解我们的大脑构建三维世界的原理，也理解这一原理与电影技术出现的相互作用。

> 与3D电影同理，虚拟现实电脑玩家也可能会感到头疼，出现晕动病，如果电脑系统不够强大，这种情况会尤为强烈。即使图像运动和玩家的头部之间有哪怕一点点的不契合，大脑的运动部分和视觉部分之间就会出现不匹配，导致身体出现晕车的感觉。

有趣的是，近100年前的第一部3D电影《爱的力量》还有另一个突破性的创举，只是这个创举没有得到进一步的发展。《爱的力量》的导演意识到,虽然两种图像展示的是相距仅6厘米的相同场景,但是他们使用的技术实际上是在同时放映两部不同的电影,于是他们推测,如果可以同时放映两部电影,那么他们也可以制作两种不同的电影结局。《爱的力量》接近尾声时,观众被告知,如果想看到一个快乐而浪漫的结局,就只用一只眼睛,通过红色滤镜的那一边观看;相反,如果想看到恶人唐·阿尔瓦雷斯胜利,那么就用另一只眼睛,通过绿色滤镜的那一边观看。但这个悲剧的结局已经被历史遗忘了,因为3D版的《爱的力量》的胶片已经遗失,2D版的《爱的力量》则只剩下了幸福的结局。这在电影制作中是一个有趣的概念,但因为《爱的力量》处于无声电影的时代,所以同时放映两种结局才能成为可能。在3D电影制作技术发达的今天,要想创造出同样的效果,我们不仅需要给所有观众配备专用眼镜,还需要让他们戴上耳机,这样观众听到的声音才能与不同的结局相匹配。而所有这些都有可能成为一个全新层次的令人头疼的问题,尤其会让电影院的工作人员头疼。

说谎的艺术

"如果想知道某些人是否在对你撒谎,你要对他们进行观察,说谎的人不会持续地与人进行眼神交流,而且会更加烦躁不安。""我虽然不擅长撒谎,但很擅长发现别人在撒谎。"如果问世界各地的人们如何分辨谎言,我们会得到如上一些典型的回答。大部分的人认为自己不善于说谎,却善于发现谎言;他们相信说谎的人会避免眼神交流,并且会烦躁不安。人们普遍持有这样的说法,且他们都没有说谎,但让人惊讶的是,这些说法其实并不正确,对我们这些没有接受过识破谎言的特殊训练的人来说,我们识破谎言的可能性是50%。我们正确判断事物真假的概率只有50%,与抛硬币的成功率相同。就是说,几乎所有人都不善于陈述可信的谎言,同样,他们也不善于识破谎言。美国的心理学家集合了世界各地数以百计的研究,对近2.5万人进行了判断事物的真假的测试,发现辨别成功的概率只有54%。如果我们将成功率进行分解,会发现人们成功识破谎言的概率只有47%,甚至比随机的概率还要低。相反,我们作为同一个物种,更善于分辨出别人是在说真话——辨别出真话的概率有61%。

　　那么,说谎者避免眼神交流且更容易烦躁不安的说法是怎么回事呢?这仅仅是人们的想法,并没有科学依据。但为什么会出现这种想法,其背后的原因要追溯到意大利心理学家维托里奥·贝努西,他出生在1878年的的里雅斯特,当时正值奥匈帝国统治时期。贝努西提出,一个人在说谎时会表现出更多的情绪困扰,在贝努西的案例中,他试图通过呼吸模式的变化来检测这种情绪困扰。虽然这并不是一个非常成功的实验,但它开创了一个领域——用准确的方法来检测由说谎导致的情绪波动所引起的生理变化。20世纪20年代,一位名叫威廉姆·莫尔顿·马斯顿的美国人认为,如果检测标准不是呼吸频率,那么就可能是血压的微小变化。马斯顿声称,他的测谎机器的准确率高达90%。其他科学家后续对该测谎机器进行测试,发现其准确率未能达到他声称的完美的高度。马斯顿之所以会那样说,也许是因为他混淆了实验工作和他的另一个作品——著名漫画《神奇女侠》的主人公,神奇女侠掌握着真言套索,能够迫使那些陷入套索的人只讲真话。

　　后来,测谎机器又加入了对测谎者脉搏、表层电阻率和汗液排量的测量，所有这些测量出的数据都用于绘制出图像，当说谎者因说谎而出现情绪混乱时，图像便会反映出来。加州人莱昂纳德·基勒组装出了最终版本的测谎机器（后来被称为测谎仪），并于1939年将自己的发明卖给了美国国内情报和安全服务机构——美国联邦调查局（FBI）。从那时起，测谎仪就在全球范围内用于侦查一切真相，上至刑事案件，下达工作面试。但是问题在于，许多测谎界的科学人士得出了测谎仪不起作用的结论，该结论已经出现有一段时间。他们的实验表明，与没有测谎仪辅助的人类相比，测谎仪最多只有一点点优势，只能将人类分辨谎言的成功率由50%增加到60%。成功率仅仅得到了小小的提高，测谎结果依然并不精准，但如果测谎仪出现错误，后果却是惨烈的：测谎仪可能导致我们面试失败，也可能导致错误的刑事判决。尽管如此，在日本和美国等国家，这些测试的结果仍被当作是可靠证据，在英国，缓刑犯也被要求定期接受测谎仪测谎。测谎仪的问题在于它的原理建立在贝努西在1878年提出的一个假设：撒谎的人会受到情绪上的困扰。但事实证明，测谎者通过电极和电线被连接到一个装有闪烁灯的黑盒子上，还要承受心理负担：深知安排实验的人会认为自己可能对他们撒谎。在这种情况下，即使他们说真话，情绪也会受到影响，焦虑本身就会导致心率、呼吸频率加快，出汗加剧，从而导致测谎仪出现假阳性的结果。有充分的证据表明，通过适当的训练，或者足够的自信和对失败的恐惧，一个为了避免被起诉而说谎的罪犯可以"骗过"测谎仪。更重要的是，许多关于说谎的研究存在着一个基本问题——用来检查测谎装置的测试对象总是学生，他们被要求说谎或者说真话，这些学生受到现金奖励或电击的刺激而说出可信的谎言，虽然这种情况只是部分，但足以说明它并不是公平的测试。任何涉及人类的实验都有着一个大问题——要在坚守道德领域的情况下检验一个科学假设，这是非常困难的。

　　支撑测谎仪的观点认为，我们的身体会泄露说谎的事实，而这种泄露会通过我们可以被测量的血压，或其他无数可测量的生理反应表现出来，测谎界至今难以摆脱这个观点。20世纪70年代，美国加利福尼亚州的科学家保罗·埃克曼提出并验证了一种新理论，即微表情的概念，这些面部表情只会持续不到二十分之一秒的时间，虽然人类无法用肉眼看到这些微表情，但是它可以通过对研究对象进行慢镜头拍摄而显现出来。根据这一理论，微表情可以揭露人们什么时候说了真话，但除此之外，微表情与测谎仪一样，也不能真正发挥测谎作用，并且同样容易出现假阳性结果，也同样容易被说谎者欺骗。对任何测谎系统来说，要想真正起到作用，需要先为测试对象的行为建立一个基准，比如他们通常抽搐的频率、出汗的程度，以及通常使用的微表情。我们只有在确保测试环境完全放松且没有威胁之后，才能对测试对象进行测谎测试。但是在现实世界中，例如在刑事案件中，测谎仪测谎绝对达不到测试的要求，因此该系统注定会失败。

辨别谎言最新的进展是既不依赖生理线索，也不依赖视觉线索，我们似乎更有可能通过语言或文字出卖自己。最近，比利时、荷兰和英国的科学家进行合作，对一个庞大的电子邮件数据库进行分析，这些邮件是竞标企业之间的对话。在大约8 000封不同的邮件中，他们研究了参与竞标的人使用的语言，并检查了每家公司自述内容的准确性，结果发现，没有说明竞标公司全部真相的电子邮件会有一些明显的迹象。写件人会使用更少的人称代词，如"我"和"你"，研究人员推断，这是写件人为了避免将自己和说谎联系起来。此外，说谎的邮件中更少出现自嘲的语言，而更多的是华丽的语言和不必要的重复的描述。事后来看，这些发现都并不新鲜，新鲜的是，科学家发现，在较长的电子邮件的沟通过程中，撒谎的电子邮件写件人很快便会模仿那些他们试图说服的人的语言风格，这可能是为了讨好对方，让自己看起来更真诚。基于这一分析，研究小组设计了一种计算机算法，该算法可以分析往来的电子邮件，并预测出谁在说谎、谁没有说谎，算法准确率约为70%，而没有测谎辅助的人们判断准确率通常为50%，前者要远高于后者。

最近加拿大的一项研究证明，视觉和生理信号在判断事实时毫无用处。在这项研究中，研究人员给女性受试者看了一段影片，影片中一个女人被要求照看一个陌生人的包，而这个陌生人则不得不去别处待上几分钟。这部电影有两个版本，一个版本是女人看到了陌生人把东西放进包里，然后她偷了一件东西，而在另一个版本中，这个女人则耐心地看守着那个包，直到陌生人回来。一半的受试者看了偷窃版本，另一半则没有。受试者被要求回答一个简单的问题，但同时也告诉他们需要回答一致：她们在被问及女人是否从包里偷了东西时，都要回答女人没有偷任何东西。因此，一半的受试者必须撒谎，而另一半则说真话。研究人员将所有受试者的回答拍摄下来，并将拍摄内容回放给一大群志愿者，让他们判断谁说了真话，而谁又在撒谎。但是这项研究还有一个附加条件：其中一些受试者在被拍摄他们对偷包事件说谎或说真话时，被要求戴上面纱，它会遮盖全脸，只露出眼睛。添加这个特殊的条件是因为美国、加拿大和英国的法院规定，证人做证时不得遮盖面部，特别是在英国的裁决中，因为法官认为，陪审团必须能够看到证人完整的脸，这样才能够评估他们的话是不是可信的、真实的。但研究结果表明，受试者戴着面纱，志愿者反而更有可能正确地辨别他们何时说谎、何时说了真话。因此，不能说看到一个人的脸会妨碍我们从事实中发现谎言，但看到人脸的确会让我们更难分辨谎言。

目前为止，所有的证据都非常清楚地表明，我们在辨别谎言方面基本上是一窍不通，即使配备了灵巧的装置和探测设备，也只能把成功率提高一点点，略高于完全随机的概率。然而，还是有方法可以判断一个人是否撒谎的——要注意他们说的话，而非他们的外表。如果可能的话，要完全忽略这个人的身体语言，将他们的话列成书面形式进行检查，因为这样我们就能把精力集中在文字上，而不会被其他错误的线索分散注意力。真正的关键在于我们提出的问题，我们要明白说真话比说谎更容易。在刑事调查的问询中，说真话的人必须记得发生了什么并叙述这些细节，然而一个撒谎的人必须编造一个故事，并且要小心并完美地将捏造的事情整理并关联起来。撒谎是一个更难的思维任务，研究人员称之为更大的认知负荷。明白了这一点，那么检验谎言的诀窍就是给接受提问人员的认知负荷上增负，标准的策略是让他们按照时间倒序讲述事件发生的时间线。对说真话的人来说，这有点难；但是对说谎的人来说，那就更难了，因此说谎者很可能会出现错误。另外，我们在试图确定嫌疑人的真实意识形态观点时，会使用一种方法，即让他们捍卫主流观点，然后我们来唱反调，支持与主流相反的观点。无论他们准备得有多充分，支持自己相信的意识形态要比支持相反的观点容易得多，因此，我们便能轻易看出他们真正忠诚于哪种意识形态。这两种策略都是为了让说谎者更难编造和保持一个连贯的故事，并希望他们会犯错，说出一些矛盾的话，让提问者得以拆穿他们的谎言。这是一种强大的技术，大大地提高了谎言检测的准确率，使其超过80%，但是我们通常不会有机会质问别人，因此这一技术不能应用在日常生活中。

> 动物也擅长撒谎。北美的双领鸻会假装折断翅膀来分散掠食者的注意力，而北极狐会对自己的幼崽撒谎，它们会发出虚假的警告叫声，这样成年的北极狐就能占有本应给幼崽的食物。一只名叫可可的大猩猩弄坏了自己的水池，还将责任推给饲养员，它用手语撒了一个它撒过的最恶劣的谎。

人们普遍认为，说谎会出现情绪困扰，特别是不能保持眼神交流。关于这一点，其实我们可以把它倒过来分析，我们在与人谈话的过程中，试图回忆一些信息时，很自然地会把目光移开，看着别人的眼睛会让人分心，如果我们需要集中精力记起某事的一些细节，通常会暂时看向别处。如果要确定某人是否在撒谎，我们可以让他们讲述细节，尽可能多地提问，同时我们的视线要一直集中在他们身上，但这并不是说我们会从他们的眼睛里看到一些说谎的迹象，而是我们让他们承受了更多的认知负荷。仔细听他们说话，认真分析他们说了什么，他们若是撒谎，则很有可能会说错话，而这就是我们日常可以用的辨别谎言的方法。

假想的力量

我是在伦敦南部长大的，那时，我的父亲经常在周末（通常是周日）带我去市中心游玩，这对我来说是一种享受。我们总是会去参观科学博物馆或自然历史博物馆，之后再去伦敦唐人街中心地带的爵禄街，在那里找一家餐厅吃饭。这两项活动都对我产生了深远的影响，第一项活动让我爱上了科学，第二项则让我爱上了中式菜肴。我还记得唐人街的一些餐馆曾经高调宣传他们不使用味精，儿时的我还好奇地问过父亲"味精"是什么东西。也就是那时，我知道了"中国餐馆综合征"的存在，它与中式菜肴中加入的叫作味精的化学物质有关。作为科学迷，我知道味精就是谷氨酸钠，是一种风味增强剂，但除此之外，当时的我并不知道这种综合征会造成什么后果。我在唐人街吃饭，可能会因为食物太过美味而吃多了导致难受,除此之外,我从来没有感到过不适,但仔细想想,我的姑姑确实患过这种综合征,因此她不再去那些使用味精的餐馆吃饭了。

后来,我掌握了更多的科学知识,对这种奇怪的综合征也有所了解。化学物质谷氨酸钠是谷氨酸的一种,它先溶解在水中,之后变成谷氨酸,然后再通过加入钠,出现结晶。谷氨酸与钠,这两种构建单元在生物学中随处可见。谷氨酸是蛋白质的基本构建单元之一,而钠则是一种至关重要的元素,它肩负着大量的生物功能,例如负责神经传输,并最终决定大脑的运作。这些化学成分无处不在,并且味精被添加到水中时,会立即分裂成这两种成分,我们很难看出它是如何导致"中国餐馆综合征",使患者出现头疼、麻木、头晕、心悸和气短的症状的。并非只有我对此感到疑惑,科学家们使用双盲试验进行了大量的重复研究,试图重现这一效果,但所有研究都达不到预期的效果。这意味着什么?科学研究告诉我们,谷氨酸钠并不能造成人们所说的后果,但人们坚信谷氨酸钠会产生不良影响,不仅如此,最重要的是他们确实会出现综合征描述的症状,这些症状可以被测量和量化——但在双盲试验中,受试者却没有出现这种现象。在安慰剂效应影响人们的同时,反安慰剂效应也在影响着人们。

安慰剂一词来自拉丁语,意思是"我将好起来",而反安慰剂的意思则是"我将受到伤害"。安慰剂的概念已经存在很长时间了,而反安慰剂的概念则相对较新。我们查阅16世纪的医生发表的各种文章,发现当时的医生们认为,在某些情况下,给病人服用糖丸是合适的治疗方法。第一个关于安慰剂效应的研究是由一位名叫约翰·海加斯的英国医生进行的。1799年,他进行了一项小型研究,使用了所谓的帕金斯神针,这是一种从美国进口的非常昂贵的金属钉,据说将其轻放在受感染的部位,可以帮助治愈各种疾病。海加斯通过试验证明了用一根简单的削过的木棒也能达到同样的效果。

自此,安慰剂效应便得到了医学界的公认,但人们依然对此不甚了解。起初,科学家们认为安慰剂效应只会增加麻烦,因为在临床试验中,它可能会打乱试验的结果。例如,如果我们试图确定一种新药的治疗效果,标准的试验将是用这种药物治疗一些病人,而不对另一些病人进行治疗,然后我们比较接受治疗的病人和未接受治疗的病人的身体状况,观察药物的效果。但也有可能出现以下情况:药效只是安慰剂效应罢了,而药物实际上可能是无效的。为了控制这一点,我们现在需要有第三组患者,用糖丸来治疗他们,告诉他们这是真的药物,然后我们再将安慰剂对照组与真正用药的一组进行比较,这增加了实际临床试验的复杂性。如今,我们知道,对某些疾病来说,安慰剂的效果与药物的一样好,安慰剂值得成为一种实际的治疗手段。

以肠易激综合征为例,肠易激综合征会让人十分痛苦,患者会出现腹痛、腹胀、便秘或腹泻等综合症状，科学界已经发现，安慰剂药丸或假治疗可以治愈40%～50%的患者。你可能会想，这种综合征本身就不存在，因此患者通过假治疗被治愈也就不足为奇了，但肠易激综合征的症状是真实的、可测量的，而且对患者造成了真正的困扰。肠易激综合征的症状被认为是一系列的功能性症状，这意味着虽然患病部位没有出现病因，但大脑确实会受到影响，身体也会做出适当的反应，患者可能会出现各种各样的功能性症状，如癫痫发作、极度疼痛、肢体功能丧失，甚至失明。所有的肠易激综合征似乎都是受到了神经方面的影响——大脑和患病组织不能正确沟通。其症状是真实存在的，而不是虚假的。针对肠易激综合征，安慰剂能够帮助大脑根据自身的预期来重置与患病组织的沟通，因此安慰剂能够如此有效。研究还表明，患者即使知道自己服用的是安慰剂，仍然可能产生安慰剂效应，患者甚至不需要被欺骗，以为自己服用的是真正的药物。2017年，美国哈佛医学院的托德·凯普查克教授对安慰剂在肠易激综合征的作用进行了试验，他仔细确保患者知道自己作为试验的参与者，只得到了糖丸治疗，没有药物治疗。尽管如此，安慰剂效应也开始发挥作用，一些患者报告说，他们的综合征多年无法治愈，而在参加试验后得到了治愈。一名病人服用了安慰剂后病情好转，渴望继续服用假药，以至于他请求医生给他开更多的糖丸，即使他完全知道这些并不是药。

尽管安慰剂效应令人着迷，但进行这项试验的原因是使用安慰剂会带来一些严重的伦理问题。假如医生告诉病人，他们要服用一系列药片，这些药片中含有能够治疗他们病情的药物，那么病人就会同意并接受医生的安排。但如果医生一直给病人服用安慰剂，那么他们就是对病人说谎了，这可能会破坏病人对医生的信任，并且他们也违背了病人的意愿，毕竟病人同意的是服用有疗效的药物，而非安慰剂。因此，许多医生担心会陷入道德困境。凯普查克的研究表明，至少在某些情况下，医生可以对病人坦诚，告诉他们说开的药片是不含药物的安慰剂，但仍然具有安慰剂效应，这样便绕过了道德困境。

安慰剂不仅只有糖丸这一种形式，在许多情况下也有外科安慰剂。在关节炎患者的膝关节手术中，标准流程包括在膝关节内插入一个特殊的装置，以清除碎片和清理膝盖骨表面的粗糙磨损，医生在操作过程中会对病人全身麻醉，然后在膝关节一侧做一个小切口，以便插入仪器。美国休斯敦的一个研究小组做了一项研究，一些病人接受了这种治疗，但仅仅接受了麻醉和切口，没有进行实质的治疗，切口缝合好后，他们被告知手术成功，之后许多病人报告说，他们以前感到的疼痛已经消失。安慰剂手术是成功的，这项研究引发了两种争议：一是假装给病人进行手术的伦理问题；二是安慰剂手术的效果几乎与实际手术相同。

但安慰剂也可能产生负面效应，这被称为反安慰剂。科学家们首次观察到反安慰剂效应是在一次试验，在这个试验中，患者被明确告知他们所服用的药物的所有负面副作用。如果我们被告知可能会出现副作用，那么出现副作用的概率就可能会增加，即使我们服用的是安慰剂，也可能会出现副作用。例如，研究人员在检查β-受体阻滞药（用于降低血压）的临床试验数据时，发现接受安慰剂治疗的对照组与实际接受药物的试验组出现了同样程度的副作用，患者不知道他们接受的是真正的药物还是糖丸，但他们都报告了同样程度的副作用，这说明药物并没有对患者产生任何副作用。患者被告知了所有预期的副作用，导致他们出现反安慰剂效应，因此出现副作用，这种说法是很有可能成立的。

安慰剂效应和反安慰剂效应显然是真实存在的。患者在一开始便出现了一系列可量化、可测量的症状，而非幻想的症状，之后他们接受了假治疗（甚至在某些情况下，他们自己也知道接受了假治疗），最终他们的症状会有所改变：患者出现安慰剂效应，则病情好转；患者出现反安慰剂效应，则病情恶化。病人患有疾病，尤其是功能性疾病（功能性疾病的致病原因是大脑和神经系统出现沟通障碍）时，安慰剂的效果可能会很惊人。一些临床医生感到忧虑，安慰剂的效果即使不比试验的药物强，也与药物同样显著，这就出现了一个问题：药物是否真的起到了作用，还是所有的作用都是安慰剂效应。美国心理学家欧文·基尔希进行了一项有争议的研究，他将抗抑郁药的一系列研究集合在一起，这些研究似乎表明抗抑郁药只比安慰剂的效果略好一点。患者参与了一项复杂的试验，但试验仅仅涉及了一种谈话疗法，可能会帮助患者从抑郁中恢复过来，尽管试验中只有谈话疗法，但患者还是出现了一些额外的并发症。然而，基尔希的结论可能只是出于个人分析，他对患者的抑郁症程度，以及抑郁症好转的判断可能仅是个人的想法。另一位精神病学家，伦敦的帝国理工学院的詹姆斯·沃纳则提出了相反的观点：抗抑郁药的效果是安慰剂的两倍。科学家之间的争论目前主要集中在如何进行试验和如何进行分析。然而，这些都不能告诉我们，安慰剂是如何或为什么起作用的。

我们从布里斯托大学的皮特·特林默的研究中得出了一个有趣的可能性，也许能够解释安慰剂的原理。他对西伯利亚矮仓鼠进行了研究，这种特殊的仓鼠的外形是一个小小的、毛茸茸的球形，它可以很舒服地坐在我们的手掌上。与它们的近亲——体形更大的叙利亚仓鼠（又称黄金仓鼠）不同，西伯利亚矮仓鼠是灰色的，背部有一条深色条纹，从头顶延伸到尾巴。我们可以在大多数的宠物店找到这一品种，它非常适合给孩子当宠物，原因有两个：第一，西伯利亚矮仓鼠很小，因此它们占据的空间很小；第二，它们的寿命较短，少则一年，多则18个月。通常来说，孩子对宠物的兴趣大约会维持4个月的时间，这样他们的父母也只需要照顾仓鼠12个月，这也是为何西伯利亚矮仓鼠会被用于实验室行为研究。人们已经知道，西伯利亚矮仓鼠应对感染的免疫反应程度取决于所处的光照条件：如果仓鼠笼子上方的光线设置成模拟西伯利亚夏季的光线，仓鼠受到长时间的光照和短时间的黑暗，那么它们的免疫反应就会非常强烈；如果光照设置成冬天的模式，它们的免疫反应就会关闭。特林默通过这些观察创建了一个计算机模型来预测这种生存策略的成本效益，并以此发现和论证仓鼠出现这一现象的原因。要实现这一点，关键是要明白，生物体激活免疫系统需要消耗大量资源，而对在西伯利亚严酷的冬天里挣扎求生的小生物来说，这一点尤为重要。因此，西伯利亚矮仓鼠似乎已经进化到只有在物资充足的夏季才会对疾病产生免疫反应的地步，冬天的感染可能会使仓鼠不堪重负，并出现死亡，但应对感染的免疫防御同样也会导致仓鼠死亡。因此，仓鼠会冒险保留感染，并希望通过最低限度的免疫反应来减弱感染，同时也为自己节省宝贵的资源以度过冬天。一种有趣的可能性便出现了，其他动物，甚至人类基于环境状况会不会也出现季节性免疫反应呢？在人类漫长的进化过程中，智人也曾有过类似的季节性免疫反应，这一说法并不牵强。如今我们很少看到季节性免疫反应在人体出现，这是因为新石器时期农业出现后，人们冬季物资短缺的情况就大大减少了。但我们有可能留下了季节性免疫反应的特性：在我们认为理想的环境下，免疫反应得以增强。例如，医生给患者开了一个疗程的药，并表明该药的药效很好，这对患者来说就是一个理想环境，他们的免疫反应因此可能会增强，即使医生开的药只是糖丸。

尽管这一有趣的可能性能够稍微解释为何安慰剂效应会存在，但并不能帮助我们理解安慰剂效应的运作原理，也不能帮助我们利用安慰剂效应，我们可能要回到哈佛医学院，在那里找到答案。哈佛医学院正在从基因角度研究安慰剂效应，安慰剂效应因人而异，有些患者能表现出强烈的效果，而有些则完全没有效果，这一点令人困惑。据此，凯瑟琳·哈勒开始从基因角度研究安慰剂效应，研究是否有特定的基因与强烈的安慰剂效应有关，目前为止，科学家们已经发现了11个基因与安慰剂效应有关。我们已经知道，那些乐于接受新鲜事物的人、外向的人、喜爱社交的人会出现更强烈的安慰剂效应；但是与安慰剂效应有关的基因还是第一次被人们发现，其中有一个基因十分有趣，编码儿茶酚氧位甲基转移酶（COMT）蛋白质的基因似乎与安慰剂效应密切相关。这种蛋白质用于分解多巴胺，而多巴胺是一种化学物质，用于大脑神经的传导，特别用于传导愉悦感、奖励以及缓解疼痛。COMT基因出现突变，这一突变普遍存在于白种人中，如果你同时拥有未突变和突变的COMT基因，那么你大脑中的多巴胺含量则会更高。研究发现，有着双重基因的患者在住院期间自行服用的止痛药的量较少，大概是因为他们的大脑维持着较高的多巴胺水平。哈勒进行了一项研究来观察COMT突变，进行了关于肠易激综合征的安慰剂试验，结果表明，有着双重基因的患者出现的安慰剂效应几乎是对照组的两倍。那么，医生也许可以通过观察患者的基因，为他们量身定制治疗方案，这种可能性令人兴奋。

味精产生的影响听起来神乎其神，但那些患有中国餐馆综合征的病人的确出现了病症，且饱受折磨，但我们可以把原因归结为反安慰剂和暴饮暴食。同样，现代版的中国餐馆综合征——麸质过敏症，其症状同样也无法在试验中重现出来，因此可能主要是由于反安慰剂效应。讽刺的是，对于患者，尤其是那些拥有双重基因的患者，治愈这种病的最好方法就是服用一个疗程的糖丸。

欺骗味觉

我们要用一种食材做出一道菜来骗过食客,让他们以为用的是完全不同的食材,这是很困难的。世界各地的科学家开始关注这个问题的原因很简单:从农业生产方面和人类所需营养方面考虑,人口过多导致了人类摄入的肉类过多,这是公认的事实。生产肉类供人类消费是我们制造食物和提供能量最低效的方式,但这并不是科学家们关注的原因,他们之所以关注,是因为这关乎热力学和科学定律。任何生物过程在本质上都是低效的,当它通过各种过程和有机体时,会产生能量损失。除了极少数,地球上所有生物的能量来源都是太阳:植物利用光合作用来捕获这些能量,光合作用会消耗一些能量,然后植物会将这些能量转化为复杂的分子,如糖、碳水化合物和蛋白质;之后,地球上的很多动物以植物为能量来源；站在食物链较高位置的动物则会以动物为食。在每个步骤中，能量都会损失，损失的不是仅仅几个百分点，而是大约一半或四分之三。所以，如果我们选择吃肉，无论是吃鱼肉、鸡肉还是牛肉，都会产生很大的能量损失。相反，如果我们直接进食植物，避免中间动物的介入，我们就绕过了低效的环节。与肉类相比，含有同等食物热量或千焦的素食需要的土地更少、水更少、资源更少，碳足迹也更少。因此，理论上我们需要少吃肉，以供养不断增长的世界人口，但是，人们喜欢吃肉。在大多数国家中，肉类作为食物的地位很高，并且我们中的很多人都认为肉吃起来味道很好。

这就是为何人们计划用植物制作人工肉，但要实现这个想法是非常困难的。这并不是因为肉类本身有什么特性，而是因为每种食物都不同，它们会带给人们微妙混合的感官信号。食物中的有些感官信号能比较容易地复制出来，但有些感官信号就不那么容易复制了。

以牛肉汉堡为例。要做"植物牛肉"汉堡，味道似乎是最明显的要复制出来的方面，但事实证明，复制味道相对简单。美国顶尖科学家之一生物化学家帕特·布朗在接近退休年龄时得出一个结论：食品生产是我们面临的首要环境问题之一。此后，他便决定将注意力转向用植物制作人工肉的问题。他创立了不可能食品（Impossible Foods）公司。十年过去了，如今我们可以买到

"不可能汉堡"。复制味道显然相对容易，毕竟我们的舌头仅能探测到有数的几种不同的味道或化学物质，棘手的是复制气味，气味对我们感知食物的味道至关重要。布朗的团队使用了他们所能得到的最好的设备，鉴于他们工作的斯坦福大学是美国顶尖大学之一，他们所用的设备极为精密。他们发现，我们对味道的感知来自一种叫作血红素的有机化合物，无论是鲜味还是异味。我们都熟悉血红素，因为它存在于血红蛋白中，血红蛋白是红细胞中的蛋白质，使氧气得以在全身运输，正是血红素赋予了血液特有的颜色，也赋予了肉类风味。血红素也存在于许多植物中，但形式有些不同。经过一些实验，斯坦福大学的研究小组通过基因工程使酵母细胞产生了一种植物成分的含血红素的化合物，他们把这种化合物添加到制作的人造肉汉堡中，使其尝起来和闻起来都有惊人的肉香。

> 实验室用不同的方法来制作肉类，不需要使用动物的肉就能制作出牛肉汉堡，科学家们让牛的细胞在高度专业化的实验室条件下生长，并在细胞成熟后将其制成汉堡形状以供食用。2013年，第一个实验室培育的汉堡出现了，并受到了食品评论家的高度赞扬，自此以后，世界各地的公司相继在实验室中制作出了鸡肉、鱼肉，甚至鸭肉。

想要用人造碎牛肉成功复制牛肉的口感,这非常难。食品科学家们从小麦和大豆中提取出植物蛋白,并对蛋白进行了二次改造,以形成人造肉的基本质地,而植物胶和各种不同类型淀粉的添加使人造肉具有独特的咀嚼性和韧劲。为了复制牛肉的多汁感,需要加入无色无味的椰子油,这种油很像肉类中的饱和脂肪。所有的相关评论都显示,最新版本的"不可能汉堡"十分逼真。有些人可能会满足于这个结果,但帕特·布朗却认为这还不够,假如制作人造肉汉堡的目的是说服人们少吃肉,那么我们则需要改变饮食习惯,但有些人并不会出于道德因素而吃素,那么对这些人来说,他们吃人造肉汉堡唯一的原因就是人造肉汉堡比真肉汉堡的味道要好。"不可能食品"旨在制造比肉类味道更好、更多汁、更稳定、更便宜也更容易烹饪的产品,这不仅对环境有利,对消费者也有利。这是一个崇高的目标,一旦实现,可能会对人们的饮食结构产生影响。

当然,你可能会问,为什么要大费周章来制作人造肉?根源是人们更喜欢吃肉也可能是与文化有关,而非食物的味道。不仅如此,存在大量的非肉类产品与真正的肉类相似,大多来自亚洲。很多人对豆腐都很熟悉,但除了豆腐之外,还有其他的豆制品,比如素鸡。豆腐在制作过程中会产生发酵的豆皮,一层层豆皮能够制成素鸡。另一种很受欢迎的肉类替代品是面筋,它的制作方法是将面粉中的淀粉洗掉，直到只剩下面筋蛋白，最后会形成一种耐嚼、富含蛋白质的面筋块，这种食物的味道与鸡肉相差无几。

融入群体

三人成群

绝大多数的人天生就是社会性动物,我们不管多么讨厌亲戚或同事,都本能地与他们互动。这是进化的必要条件,我们聚集在社会群体中,并花时间与他人相处。长期独处对人类不利,会造成永久的心理和精神伤害,在许多司法系统中,单独监禁常被用作惩罚犯人的手段。在历史进程中,由于人类需要与他人接触,于是越来越多的人聚居在了一起,从小的家庭单位到不同的部落,再到数以百万计的人们在城市里的大规模聚居。随着越来越多的人聚居在一起,人们便有机会聚成越来越大的群体。

我们思考一下,到底是什么构成了群体。英国有句格言:两人成伴,三人成群。我认为,如果从字面上理解,这句格言可能是有问题的,假如我们看到三个人站在公共汽车站,我们不会认为那三个人是一群人。是什么构成了群体？这是一个难题，严格来说，这是一种连锁悖论。公元前4世纪，生活在米利都的古希腊哲学家欧布里德提出了谷堆论证，这是最早的连锁悖论。谷堆论证的内容是这样的：假设我们在地板上放了100万粒沙子，那么我们都认同这是一堆沙子，也可以认同，沙堆去掉了一粒沙，依然是沙堆。但是，如果我们一直重复地去掉一粒沙，那么最终地板上会只剩下一粒沙子，但一粒沙显然不是沙堆。变化是什么时候发生的？沙堆在什么时候不再是沙堆？答案是，我们在看到群体，尤其身处群体时，自然就会知道这是一个群体。这一点尤其适用于人群。

> 心理学家将个人空间划分为三个区域："亲密区"，即我们与伴侣、自己的孩子之间的距离，在0.5米以内；"私人区"，即我们与朋友、家人的距离，在0.5~1.5米；"社交区"，距离可以达到3.5米。如果他人侵犯了我们的个人空间，我们会感到非常不舒服，且会不知不觉地改变我们的行为。

依据安全行业的标准，移动人群的安全上限是每平方米4个人。我们很难凭空想象每平方米4个人意味着什么，那么我们可以先想象在地板上有一个50厘米×50厘米的正方形,然后在这么大的空间里,同时周围有数百人与我们一起行走。前后的人之间只隔20厘米,左右的人之间只隔5厘米。每平方米4个人会让人感到拥挤,出现心理不适。

科学家们在开始研究这个问题时做出了合理的假设,他们认为群体流动的方式会与流体流动的方式相似。但很快,他们便发现事实并非如此,群体流动与流体流动大不相同。以哈根-泊肃叶定律——这是流体动力学的一个主要定律——为例,任何一种流体通过长管时,流体在管的中间流动得最快,在管壁附近流动得最慢,哈根-泊肃叶定律解释的就是这一现象,静止的管壁和流动的流体之间的摩擦使流体慢了下来。这一定律适用于水在铜管中流动,空气在肺部流动,以及饮料从吸管中被吸走的状态。但令人惊讶的是,哈根-泊肃叶定律并不适用于群体流动。根据哈根-泊肃叶定律,一群人在走廊里移动时,走廊中间的人应该移动得最快,而沿着墙壁的人应该会较慢,但事实上,人与墙之间没有摩擦,甚至类似摩擦的现象都没有,因此,不管人离墙多近,他都可以以同样的速度通过走廊。群体打破了流体动力学的规律。

老式沙漏

在发现人群并不遵守常见的流体动力学定律后,研究群体的科学家们开始注意群体中其他的特殊行为。一次,曼彻斯特城市大学的基思·斯蒂尔教授与大约7.5万人一起挤在伦敦的温布利体育场,当时人们正在散场,斯蒂尔教授在人群中注意到了一件怪事。我们可以肯定这一天是1992年4月20日,因为这次活动是弗雷迪·默丘里的纪念音乐会,目的是提高人们对艾滋病的认识。音乐会结束时,斯蒂尔教授身处人群,试图从其中一个出口离开体育场。他向一个出口走去,但被卡在了出口的正前方,并以极为缓慢的速度向前移动。人群几乎静止不动,斯蒂尔教授在那里堵了半个多小时,慢慢地挪向出口。在被耽搁的挫败感过去后,他便开始从科学角度分析这一现象,他开始纳闷,为什么人群经过出口时会这么慢。根据哈根-泊肃叶定律，正对出口的那部分人群应该移动得最快，但他就在这部分人群中，并移动缓慢；根据定律，靠近边缘的人群应该移动得最慢，但他发现靠近边缘的人移动较快。正常的流体在流动时，正对出口的部分应该速度最快，而靠近边缘的部分则最慢。我们观察老式沙漏便可以看到这一现象，中间的沙子流速最快，于是狭窄的孔的正上方便形成了一个凹陷；而在玻璃与沙子接触的边缘，沙子几乎不动。弗雷迪·默丘里的粉丝人群的流动与哈根-泊肃叶定律完全相反。斯蒂尔教授回到学校就开始研究这一现象的原理，以及为什么人群的行为不同于正常的液体，他称其为沙漏之谜。

显然，我们需要从不同的角度来考虑群体流动。在液体中，比如水中，液体和装有液体的容器或管道之间的相互作用是非常重要的，至少比液体本身单个分子之间的相互作用要重要得多。例如，水分子可以自由地相互移动，但它们若是黏附在管壁上，黏性就会降低它们的移动速度，这就是哈根-泊肃叶定律。但在人群中，情况正好相反，如果我们涉及群体中的单个分子——人，以及他们如何相互作用时，规则就改变了。我并不介意自己碰到墙壁、障碍物，或者挤过街角，只要我有足够的空间，能够在墙边走动，我和墙之间就不会有明显的摩擦，我行走的速度便和在别处一样快。但人群中的其他人会让我慢下来，我们都有一个固有的私人空间，当这个空间被侵犯时，尤其是被陌生人侵犯时，我们会感到不舒服。更重要的是，我们会与群体中的其他人产生同感，避免侵犯彼此的私人空间，我们在人群中行走时，要时刻监控自己和周围人的私人空间，尽量不撞到彼此，保持可接受的距离，所有这些都让我们放慢了脚步。人群中，重要的不是流动的人群与墙之间的"摩擦"，而是个体之间的"摩擦"，这就是为什么我们人类会打破哈根–泊肃叶定律。

  一群人在试图穿过一个小空间如体育场的出口时，就会发生一些现象。正对出口的人向前移动，但随着人群密度的增加，人均空间减少，人们会与更多的人产生"摩擦"。因此，我们会放慢速度，以避免尴尬地碰撞或踩到别人的脚趾。与此相反，对体育场两边的人来说，他们的一边是一堵不需要个人空间的墙，这些人与他人的"摩擦"相对较少，因此，他们不用放慢速度，可以继续以相当的速度行走。人群流动的速度与沙漏流动是反向的，最靠近边缘的移动速度最快，这便解释了斯蒂尔教授的体育场的问题。同时，这也引出了一些有趣的启示。

> 古巴比伦人和古埃及人的水钟与沙漏类似，但是他们用水代替了沙子，这样计时器便更加持久、准确。我们虽然不知道是谁发明了沙漏，但知道第一个有正式记载的沙漏出现在1338年的一幅意大利壁画上。这样一个小小的发明，我们却并不清楚它的历史，这的确令人惊讶。

第一个启示便是，如果我们身处人群中，要通过一个小的间隙或任何形式的障碍，能最大限度减少通行时间的最好办法就是挪到人群边缘，然后沿着墙或障碍物疾走，就可以比人群中间的人更快地通过间隙。我自己也试过，根据我的经历，这个方法似乎是有用的。这也是搭乘火车、地铁的最佳方式，尤其是搭乘东京或伦敦等地的繁忙的地铁，你不要正对门前等着门打开，而应该站在一旁。地铁车厢外的人流增加了人与人之间的互动，使情况更加复杂。

根据群体流动的原理，一种绝妙的方法出现了，它被应用在需要进行人群控制的情况下，即很多人需要通过一个小空间的情况。解决方案是增加一个障碍物，障碍物正对门或出口，且与门或出口垂直。障碍物从出口伸出来，似乎要堵住出口，我们在第一次看到这些障碍物时，会本能地想，是哪个笨蛋把它放在那里的。毫无疑问，我们的常识会告诉我们，这样的障碍物会使出口变得拥挤不堪，必然会导致人群通过出口的速度减缓。同许多其他的科学现象一样，常识往往不能帮我们做出正确的判断，出口前的隔离带有效地将人群分成了两组，一组在左边，一组在右边。隔离带直接让出口前面增加了一堵墙，靠近这堵墙的人能够减少与他人的摩擦，与人群边缘的人一样，靠近隔离带的人移动得更快，人群作为一个整体，这时通过出口的速度要比没有隔离带时快。我很高兴能与斯蒂尔教授一起验证，得以看到这种方法奏效，感觉真是不可思议。我们先入为主的常识被显而易见的科学魔力所打败，而所有这一切都要追溯到1992年4月20日，那个斯蒂尔教授在温布利球场被堵在人群中的日子。

千禧桥让行人步调一致

科学家们发现，当一大群人在路上开始走动时，会出现一些奇特的效应，尤其会对周围的环境造成影响。2000年6月10日，伦敦千禧桥向公众开放，这是一座美丽的钢跨桥，桥如其名"光之剑"。在开放的当天，公众蜂拥而至，千禧桥的通行量达到了9万人次，每时每刻都有超过2 000人在桥面上，千禧桥本应能够承载如此大的通行量，但一些意想不到的事情发生了。桥开始摇晃，晃得很吓人，最严重时，桥左右摇晃的摆动幅度甚至达到10厘米。千禧桥的设计方奥雅纳公司非常担心，并迅速建立了一套系统来限制大桥上的人数，然而在限制通行的两天之后，大桥再次剧烈摇晃，出于安全考虑，大桥最终被关闭。千禧桥的设计原本就多有争议，有些人认为千禧桥的设计很丑且造价超过1 800

万英镑,不仅如此,实际造价还比预算多出了220万英镑,竣工时间也比预计晚了两个月。这下媒体更是疯狂报道这次事件,记者们纷纷解释说,桥之所以摇晃,显然是因为人们步调一致。无独有偶,泰晤士河上游的艾伯特大桥也遭遇过类似的问题,但晃动幅度要小得多,桥上甚至还贴着100年前的告示,上面写着"所有军队在过桥时都必须放慢脚步",以防止桥出现摇晃。千禧桥之所以摇晃,是因为人们步调一致,工程师们却不知道为何人们会步调一致。

我们放下脚,冲击力就会传递到地面上,这些力大部分垂直地进入地面,但也有一些力水平进入地面,不仅向前推动地面,还向侧面推动地面,侧面的力最难理解,但就是侧面的力引起了桥的晃动。人类有两条腿,我们的重心会在中间,不会正对双腿,因此,我们迈出一步时,力从重心——在大约肚脐的位置——以一个微小的角度向下到脚。这个微小角度的力,会给地面一个向侧边的力,让地面向一侧远离自己。这只是很小的一部分力,而且我们一般会认为,行人以随机的步调行走,彼此频率不同,所有这些微小的侧向力会在不同的时间发生,且力一半向左、一半向右,所以它们会相互抵消。

理论上来看,桥是没有什么问题的,但千禧桥采用了一项前所未有的尖端设计,将桥梁技术带到了新的领域。在我看来,这座桥如此美丽,设计非常精巧。它之所以被称为"光之剑",是因为桥的结构非常纤细,严格说来,它也是一座悬索桥。通常来说,人们印象中的悬索桥类似于金门大桥和伦敦塔桥,这两座桥都以巨大的塔和巨大的吊在塔上的钢索为显著特征。初看之下,千禧桥并没有这些特点,设计师们将塔缩短,变成纯粹的支柱,并且支柱并非与桥面垂直,而是呈45°放置在桥的两侧。钢索与支柱连接,但它并不会妨碍桥上行人的视野,看起来几乎像是装饰,但正是钢索支撑着整座桥梁。这种设计意味着桥梁必须使用张力非常高的钢索。因此,千禧桥有点像一根伸展的橡皮筋,容易产生振动。

> 桥出现摇晃的经典例子是美国华盛顿州的塔科马海峡吊桥,它于1940年7月通车。同年11月1日,在一场强风中,桥达到了它的共振频率,出现摇晃,最终倒塌。事件唯一的"受害者"是一只名叫塔比的可卡犬,它当时被困在桥上的一辆汽车里。

世界上所有的东西都有所谓的共振频率,也就是物体在振动时的特定频率。我们通过调谐的共振频率,用乐器如吉他来创作音乐。由于千禧桥使用的是如此高张力的钢索,那么桥梁的共振频率大约是每秒振动一次,刚好与人类的平均步速相近。我们大概每秒钟走一步,我们的右脚每两秒钟着地一次。

奥雅纳公司知道这一点,也知道桥上的行人将以桥的共振频率的倍数行走。但是,公认的理论是,行人施加的微小侧向力会相互抵消,因此这不会构成问题,然而这恰恰出现了问题。

事实证明,我们人类在行走时对地面非常敏感,敏感程度远远超出了人们的想象。即使我们脚下的地面从左到右仅仅移动了几毫米,我们都会无意识地调整步伐,地面在向右移动时,我们就会把右脚放下来。假设我们不调整步伐,地板再向左移动时,我们把右脚放下,那么移动的地面会让我们的上半身向右倾斜,从而失去平衡,我们就会摔倒。所以,只要桥开始摇晃,哪怕只有一两毫米的幅度,桥上的每个人都会随着桥调整步调,行人的步伐不再随机,也就不能相互抵消。更糟糕的是,当我们试图在水平移动的地面上行走时,为了让自己更稳定,人们的步态会更宽,我们在行走时,双脚会分得更开,而这意味着每一步都比平时更偏向一侧。这两种效应结合在一起,意味着达到承载临界值的160位行人在千禧桥的任意一点行走时,桥就开始左右摇晃,之后行人又多了大约20位,桥的晃动幅度就会越来越大——直到桥把人甩来甩去,行人几乎寸步难行。

千禧桥之所以摇晃是因为桥的微晃导致行人步调一致,因为我们没有预料到,人们对移动的地面是如此敏感。

要解决千禧桥的问题并不难:只是需要安装一些减震装置,

以消除可能出现的任何晃动。但难题还是有的：如何在不破坏千禧桥美丽优雅的设计的情况下添加减震装置。奥雅纳公司花了不到两年的时间想出了解决方案，然后又花了500万英镑安装了所有的减震装置，这座桥于2002年1月重新开放。如今，千禧桥梦幻而又稳固地横跨泰晤士河，行人能够在桥上欣赏到全方位的优美景色。但直到今天，当地人还是把它称为"摇摆桥"。

为什么你的队最慢

人们在桥上行走便可以揭示新的科学,那么不起眼的排队也可以揭示惊人的科学发现。关于排队,一个典型的例子是,我们在排队时,旁边队伍的人似乎总是比我们走得快。你可能认为这是我们自己的妄想,但请不要忽视这一现象,因为事实证明,这一现象往往属实。大多数情况下,其他队伍确实走得更快,但这不是妄想,而是数学概率。

想象一下,我们去了超市,正在排队付款,而我们的左边和右边各有一条相同长度的队。那么我们的队行进很慢,左边或右边队的人比我们先到收银台的概率有多大?这可以归结为一个数学概率问题:其他两个队中有一个比我们的队快的概率有多大?通常来说,我们在遇到像这样的概率问题时,先找出相反情况的答案更加容易，即我们的队最快的概率是多少？

队伍中并没有人磨磨蹭蹭，收银员也不会故意拖着。我们需要假设每位收银员在收银台处理付款的速度都是一样的，且每位客户交易的规模和复杂性都是随机的。换句话说，我们没有遇到第一天上班的收银员，排在我们前面的人也不是都买了成堆的东西。因此，根据这些合理的假设，哪个队列最快的概率应该是平均划分的：三个队列中的每个队列都有三分之一，即大约33%的概率最快。所以，如果我们的队伍有33%的可能性是最快的，那么其他队伍中有一个队伍比我们快的概率则是这个数的倒数，即三分之二或约66%的概率。

这意味着，我们在排队时，自己的队最快的概率约是33%，而其他的队比自己的队快的可能性约是66%，后者是前者的两倍，所以，仅仅是基本的概率让我们排队时一直在等。我们需要注意的是，想增加自己排在最快队伍中的机会，那么就去排最边上的队伍，这样我们只有一个相邻的队列，那么我们就有50%的机会是最快的。

我还要说明的是，如果我们足够幸运，排在了最快的队伍中，那么从心理上来说，我们就不会把它看作是一种消极体验，结果，我们通常不会记得这件事。如果下次再排队，但这次没有排在最快的队伍中，我们只会想起其他队伍更快的那几次排队经历，而不会记得自己的队伍最快的时候。这一切都让人觉得自己的队似乎总是很慢，妄想便出现了。

这只是排队论的冰山一角。排队论是数学领域的理论，研究如何优化人们等待服务时的排队问题。这一理论可以追溯到1909年，当时丹麦工程师瓦格纳·厄兰正在研究如何缩短人们连接电话网络的等待时间，他解决了这个问题之后，意识到解决方法适用于任何排队。后来的数学家们想出了一种方法，用两个字母和一个数字组成的代码来表达任何排队行为，代码的第一个字母表示顾客到达队伍末尾的频率，如果顾客以一个固定的频率出现，那么第一个字母的代码是D。如果顾客以一个随机的概率出现，并且是一个在中间出现峰值的概率，严格地说，即一个具有泊松分布的马尔可夫过程，那么第一个字母代码是M。代码的第二个字母表示处理每位顾客的服务需要的时间，同样，这可以是固定长度的时间（代码D）或随机分布长度的时间（代码M）。最后一个数字表示处理服务的服务器的数量。

根据这种分类队列的方式，最简单的队列类型是D/D/1。第一个D表示一位新顾客排到队伍后面的时间是固定的，且间隔总是相同的，同样，第二个D表示处理每位顾客的服务的时间也是固定的。但人类排队几乎不会出现这种类型，D/D/1排队系统更可能在工厂的自动化操作中遇到，比如机器给罐子盖上盖子。在本例中，如果无盖罐子的到达率低于单台机器拧紧盖子的速率，则队列就不会形成。D/D/1队列的等待时间的数学公式非常简单。

但超市排队则大不相同。在这种情况下，每一队代表一个M/M/1队列，因为客户是随机出现的，处理服务的时间也是随机的。这些随机因素意味着，有时不会出现排队现象，但有时在没有任何预示的情况下，排队的长度会失控，如果不增加收银员，队伍很快就会堵塞商店。数学是复杂的，人群行为也是复杂的，我们不能凭直觉来处理。例如，如果我们把收银员处理业务的时间翻倍，那么平均等待时间并非翻倍，而是翻了4倍。

有趣的是，这种排队方式也适用于公共厕所。我们都能发现，排在女厕所前面的队伍总是比男厕所的长得多，这涉及了一个基本问题，根据一项全球调查，男性在公共厕所的平均时间为39秒，而女性为89秒，女性使用厕所的时间是男性的两倍多。如果我们把厕所排队类比到超市排队，这个时间就类似于收银员处理每个顾客服务的时间。由于这是一个M/M/1队列，这便导致女性等待的时间至少是男性的4倍，也可能5倍。最重要的是，尽管设计规划人员为女厕所分配了更多的空间，但男厕所的小便池占用的空间要小得多。因此，与女厕所相比，男厕所往往有相同数量甚至更多的独立设施。

> 在19世纪50年代，为妇女提供公共厕所是一个备受争议的女性解放问题。在当时的维多利亚时代，尽管有很多供男性使用的公共厕所，却没有女性的公共厕所，因此女性无法离家远行。后来，在妇女卫生协会等团体的压力下，妇女才摆脱了所谓的厕所束缚。

关于公共厕所排队的问题，我们可以再次从数学、从M/M/1队列中找到解决方案。为了减少女厕所排队等候的时间，使之与男厕所排队等候的时间相等，我们需要将女厕所中设施的数量至少增加一倍。如果男厕所有2个隔间和4个小便池（总共6个设施），女厕所则应该分配12个或更多。但遗憾的是，公共厕所很少这样安排，因为一个小便池大约占隔间一半的空间，假设男厕所的小便池与隔间的比例是2∶1，那么女厕所的面积则应该是男厕所面积的3倍，这样才能达到女厕所理想的配置。你下次在排队等待的时候，也可以思考一下排队的问题。

最佳登机方式

厕所排队可能有点不招人喜欢，但其他一些人类的群体行为却可能会带来重大的经济影响。2018年年底，全日空航空公司对其系统进行了一项相对较小的改革，却可能为公司每年节省数10亿日元，而他们所做的只是改变了乘客登机的方式。

全日空拥有日本最大的机群，虽然它不是日本官方的国家航空公司，即日本航空公司，但全日空当时拥有232架飞机，主要在日本国内与国际运营。当时该公司每天要管理近1 000次起降，但从财务角度来看，飞机只有在空中运送乘客或货物时才能赚钱，飞机在地面滑行、加油、清洁和运送乘客上下飞机的时段是不盈利的。事实上，飞机在地面所花费的费用很高，机场向航空公司收取的平均地面费用按每架飞机收费，每架飞机在停机坪的平均费用大概是每分钟35美元。这似乎不算多,但就全日空公司而言,公司的飞机每年飞往各个机场的次数超过35万次,地面费用的成本迅速上升。因此,如何缩短飞机在机场地面的停留时间已成为学术界和业界相当重要的研究课题。很多步骤都需要固定的时间,不能改变,比如飞机在降落跑道上来回滑行的时间。此外,某些步骤可以同时进行,比如飞机着陆后,乘客下机可以与加油、清洁和装卸行李同时进行。对任何航空公司来说,最耗时间的事情之一就是让所有乘客登机,把手提行李装好,然后坐到座位上。这是航空公司能够自我控制的事情,因此他们需要知道,人们在拥挤的密闭空间中会出现什么行为。

世界上许多航空公司使用的标准登机系统在业内被称为分段登机。分段登机是将乘客叫到机场登机口,然后乘务员先安排座位在飞机后面的人登机,座位在后的乘客登机后,乘务员再安排座位稍前的乘客登机,通常机舱的座位会被分成三块,从后向前依次登机。目前的分段登机尝试了一些细微的变化,将从后向前依次登机变为左右交替登机,先登机的是靠窗座位的乘客,然后是中间座位,最后是靠过道的座位。像波音757这样的飞机,这个方法大约需要30分钟的登机时间。波音757通常只从前门登机,可容纳约130名乘客,一个中央通道的两侧各有三排座位,并且这是在假设乘客最多只带一件手提行李和一件个人物品的情况下得出的30分钟登机时间。对传统航空公司来说,在登机安排上做些小的改变是可以接受的，但随机登机无疑是一种冲击。

21世纪初，航空公司开始运营低成本或无附加服务的航班，并尝试取消座位预订。自航空旅行诞生起，座位预订便一直存在，取消座位预订意味着让乘客随机选择自己的座位。这种所有乘客都可以自由选择座位的系统，会让人们产生一种不愉快的冲动去寻找大家认为最好的座位，这种模式通常比标准的分段登机快5分钟。随机登机似乎给我们带来了一种紧迫感，因为我们知道，如果不快点登机，我们可能会坐在一个不好的座位上，而这种航班对手提行李更严格的限制也可能缩短登机时间，因为手提行李的存放会减慢整个登机过程。

科学家们开始仔细研究人们在登机时都做些什么，发生了哪些互动，以及每位乘客登机的方式。显然，散客会对整体登机时间产生很大影响，如果这些乘客较早登机，但行动较慢，那么整个登机过程就会延长，而如果他们是最后登机的，则没有什么影响。而旅行团的乘客则会加快实际登机的过程，因为他们就像一个完美协调的小团体，而且他们所有人都会坐在一起。虽然收集当前登机相关的数据不难，但航空公司不会轻易尝试实验性的登机制度，幸运的是，我们能够根据在登机时收集到的所有数据制作出计算机模型，这样就可以在完全虚拟的环境中进行测试。

基于这些虚拟测试，一些第二代登机系统开始出现。2008年，詹森·斯蒂芬提出了一个系统，他当时是美国芝加哥附近的费米实验室的一名天体物理学家。斯蒂芬教授告诉我，2006年在西雅图机场，他被困在从登机口到飞机的通道里等待登机，那时他开始思考是什么原因导致了等待。在登机口、护照检查处，甚至安检处，他都能找到等待的理由，但在通道里，他却找不到理由。因此，正如他所说，他决定让自己暂时把目光从寻找遥远的太阳周围的行星转移到研究登机。他提出的系统是用一种优化算法创建的，他从随机的乘客顺序开始，用电脑模拟登机时间，记录结果，之后随机调换两名乘客，计算新的登机时间，然后，他拿出登机最快的乘客名单，又试了一次随机调换，一直重复这个过程。经过大约10 000次登机模拟之后，计算机模型确定了一个最佳的安排，这有点复杂。首先要让每隔一行坐在飞机右侧靠窗座位的乘客登机，然后是左边对应的靠窗座位的乘客，接着是右边剩余的靠窗座位，然后回到左边剩余的靠窗座位。这时所有靠窗的乘客都坐下了，然后是中间座位，最后是靠过道的座位。这一系统的效果令人印象深刻，并且从理论上讲，它可以将乘客登机所花的时间减少近一半：波音757飞机的登机时间将减少到15分钟。我在参与进行的一个测试中看到过斯蒂芬的系统的实际应用，它确实非常快。我们使用的模型飞机只有波音757飞机的一半长度，与分段登机相比，斯蒂芬系统的登机时间缩短了约三分之一。但这个方法有一个问题，在登机口，我们必须让66名测试乘客按照正确而复杂的顺序排好队，这个过程花了半个小时。虽然它确实能让人们更快地登机，但在登机口多等半个小时来排队会降低乘客的乘坐体验，减少对航空公司的好感度。迄今为止还没有一家航空公司使用过斯蒂芬系统，但并不意味着这不是一个未来的发展方向。

来自意大利那不勒斯的一组研究人员让登机过程步入数字定制的领域。他们意识到，无论使用什么系统，人们之间的随机互动都会导致延迟，那些携带大量手提行李或身体不便的乘客则会造成更长时间的延误。该研究团队设计了一个系统，基于乘客个人状况来对座位进行定制分配，系统可用于没有预先分配座位的飞机。乘客通过去往登机口的单入口通道时，该系统使用数码相机对他们进行扫描，通过这种扫描，系统对每位乘客给出两种评分：一种是根据他们的手提行李的体积评分，另一种是根据他们身体的灵活度评分。该系统背后的算法会综合这两种评分来分配座位，并且能立刻安排好乘客的顺序，乘客在去往自己的座位时，通道是空的，这样他们就可以快速地坐到自己的座位上。该算法以斯蒂芬的系统为基础，但添加了一种巧妙的方式：收集额外的信息，然后评估这些信息。这项研究仍在进行中，但有可能将波音757的登机时间缩短至12分钟。

所有处理人群流动的巧妙方法都还有待研究完善。航空公司可以据此节省大量的资金，因此这个行业无疑渴望着新的方法，全日空就是很好的例子。他们使用的新系统被称为反向金字塔，实际上这是斯蒂芬的系统的简化版本，在基本的分段登机之上进行分块。测试表明，新系统平均可以比以往节省10分钟的登机时间，对每天飞行1 000次的全日空来说，这相当于每年至少节省100亿日元。当这些节约成为可能，改变就会发生。

小心幽灵堵车

最后一个关于人类群体行为的例子是幽灵堵车，一旦你知道这背后的原理，你的三观可能会被颠覆。我们都经历过这样的事：我们在高速公路或其他道路上疾驰，出于某种原因，前方的交通突然变得拥堵，我们慢了下来，在接下来的10～15分钟里，我们慢慢地向前行驶，之后道路突然又变得通畅，并没有出现交通事故或道路工程的情况来解释这短暂而突发的交通堵塞。我们刚刚经历了仿佛是幽灵一般的堵车。

堵车背后的科学研究提出了一些有趣的观察结果，但第一次在实验环境中发现幽灵堵车是在2007年。这项实验是由日本名古屋大学的研究人员设置的，在日本的一个电视节目中播放。杉山由希教授安排了22辆车在一圈宽约73米的车道上行驶，实验安排在名古屋郊外的驾驶学校，在那里很容易找到许多愿意开车的人。实验要求司机尽量保持每小时30千米的速度，根据环形轨道的长度，他们自己的车和前面的车之间只有10米的距离，鉴于车辆的速度和车与车之间的距离，这是一次非常惊险的驾驶。实验的视频在社交媒体上广为流传，直到现在仍然可以在网上找到。最初，汽车们在赛道上愉快地转了一周，但奇怪的事情发生了，在镜头前，一连串的车很快便出现了幽灵堵车现象，缓慢地移动着。我有机会在英国观看了相同的实验，也看到相同形式的堵车，在这次实验中，汽车完全停了下来。

我们从这些实验的录像中可以明显看出，堵车点并不在一个固定的位置，看上去像是一组缓慢行驶的汽车沿着圆形轨道在向后移动。这并不是车在倒着走，而是堵车的位置在后移，前面的汽车驶离，同时后面的车在堆积。我们对这种逆向运动的堵车速度进行测量，发现速度非常接近每小时20千米。事实上，根据高速公路的传感器收集的交通速度数据，我们得到的是同样的结果，幽灵堵车形成时，堵车点总是以每小时20千米的速度在高速公路上向后移动。无论在哪个国家，无论是哪种类型的车辆，交通堵塞点移动的速度总是相同的。从表面上看，这似乎是一个奇怪的巧合，但我们探究幽灵堵车的原因后，就知道这并不是巧合。

研究人员最初使用流体动力学的方程来模拟车辆的流动，但我们的行为出乎物理学家的设想。回想一下人群通过出口的情况，车辆的流动与人群流动同理，后续的研究发现，高速公路上的交通流有三种类型或阶段。第一种是"自由流"，即汽车以不同的速度行驶，每辆车的速度在遵守限速的情况下完全由司机决定。随着交通密度的增加，我们会突然转向"同步流"，即所有车辆以相同或几乎相同的速度行驶，在这种情况下，司机便无法决定行驶速度——车速会受到路上其他车辆的限制，且快慢车道的车速通常每小时只差几千米。最后一种是"宽运动堵塞"，基本与幽灵堵车同理。造成三种类型之间出现变化，其根本原因似乎只是交通密度的增加，或者说，是每千米道路上挤进了更多的车辆。交通密度的突然增加会导致"自由流"变成"同步流"，"同步流"变成"宽运动堵塞"。

　　因此，幽灵堵车并不总是由于一些戏剧性的事件，如车辆险些相撞或突然变道引起的。虽然这些突发事件通常也会导致堵车，但这种情况比幽灵堵车要少见得多。在交通密度足够高的情况下，人们有时会出现轻微的刹车反应，而它会影响其他的司机也出现这样的反应，由此便可能导致同车道的每辆车都不得不减速，从而引发连锁反应。这样就会使得这条车道上的汽车越来越慢，直到其中一辆最终停了下来，这就引发了一场幽灵堵车，然后堵车点会沿着车道向后传播。在这些正常的刹车反应中，最常见的一种是，如果前面的车稍微刹车减速，那么我们会不可避免地要比他们刹得更狠，毕竟我们不想发生追尾事故。除此之外，某些微妙的原因也会引发幽灵堵车,比如在高速公路上变道,而这又是为什么呢?

车辆在变道时会同时占据两条车道。即使车子只占了每条车道的一半,这仍然算是两条车道,因为一条半宽的车道并不能让其他车辆通行。我们的车辆占据了两条车道的那一刻,一辆车实际上就相当于两辆车,从而增加了交通密度。另一个常见的交通密度增加的情况发生在路口,更多的车辆进入交通流,并且伴随着大量的车辆变道,这极大地增加了交通密度。上述任何一种情况都可能引发一场幽灵堵车。

> 堵车不仅涉及数学问题,也涉及经济问题。通常情况下,车辆会不断地进入公路,直到公路出现交通拥堵。从经济角度分析,除非我们增加付费系统,对车辆征收过路费,否则拥堵是不可避免的。

但有趣的是,即使世界各地存在着驾驶习惯的文化差异或交通规则的差异,幽灵堵车的速度始终如一。堵车点移动的速度总是每小时20千米,这意味着堵车的根本原因是人本身,幽灵堵车的形成与人的反应时间、感知能力和心理有关,与驾驶的车辆或驾驶地点无关。

　　我们可以阻止幽灵堵车蔓延到后面的车道。我们将自己与前面的车之间留出更大的距离，这样就有更多的时间来应对他们出现刹车的情况，因此，我们就不会过度刹车，我们的速度变化就会更接近前面的车辆。交通处于"同步流"时，降低交通的总体速度也能防止幽灵堵车，这就是为什么现在的智能公路都有可变车速限制。随着交通密度的增加和交通从"自由流"变为"同步流"，车速上限就会降低，这能够防止交通堵塞的形成。显然，我们处在"同步流"时，不变道对防止堵车也有帮助，我们在智能公路上，也能看到禁止变道的标志。但恼人的是，这一切都只能帮助在我们车道后面的人，如果我们自己陷入了一场幽灵堵车，那么再小心驾驶也无法帮助我们加快脱身。我上述的那些建议——留更大的车距、减速和不变道——都是纯粹的利他行为。这是一种"囚徒困境"：如果我们都这样做，那么我们所有人的车速都会变得更快，如果我们都很自私，那么我们都会慢下来。我们即使在堵车时比别人行进得快，也快不过大家自觉遵守规则、道路顺畅的时候。所以，下次再被困在幽灵堵车中，我们可以回味这背后有趣的科学，但又无能为力，这真的会让人抓狂。

鸣谢

老实说，写书这件事超出了我的能力范围，在这里我很感谢我的经纪人萨拉·卡梅伦和Take 3管理公司的全体员工为我保驾护航，还帮我认真校对了我打在电脑上的文稿。再次感谢迈克尔·奥马拉图书公司可爱的员工们。我特别要感谢我的编辑加比·内梅思，她整理了我所有的稿件，去掉了文中多余的符号。我们在伦敦南部克拉彭的一家咖啡馆共进午餐时，她给了我写这本书的灵感，如果我没记错的话，正是伦敦千禧桥的故事引起了她的好奇心。

最后，如果没有我家人的帮助，这本书就不会面世。他们能理解我一直待在家中工作，我的妻子尤其支持我，并在无意中给我提供了很多的灵感。